किसान से जहान

गुरविंदर सिंह घुमन

BlueRose ONE.com
Stories Matter
NewDelhi • London

BLUEROSE PUBLISHERS
India | U.K.

Copyright © Gurvinder Singh Ghumman 2024

All rights reserved by author. No part of this publication may be reproduced, stored in a retrieval system or transmitted in any form or by any means, electronic, mechanical, photocopying, recording or otherwise, without the prior permission of the author. Although every precaution has been taken to verify the accuracy of the information contained herein, the publisher assume no responsibility for any errors or omissions. No liability is assumed for damages that may result from the use of information contained within.

BlueRose Publishers takes no responsibility for any damages, losses, or liabilities that may arise from the use or misuse of the information, products, or services provided in this publication.

For permissions requests or inquiries regarding this publication,
please contact:

BLUEROSE PUBLISHERS
www.BlueRoseONE.com
info@bluerosepublishers.com
+91 8882 898 898
+4407342408967

ISBN: 978-93-6261-759-0

Cover design: Tahira
Typesetting: Tanya Raj Upadhyay

First Edition: October 2024

'उन तमाम किसानों को समर्पित जिन्होंने पीढ़ी-दर-पीढ़ी, सूखे-बाढ़ जैसी चुनौतियों के बावजूद पसीने से उगायी सोने जैसी फसलों से देश की खाद्य सुरक्षा को मजबूत करते हुए राष्ट्र के स्वाभिमान की रक्षा की।'

अस्वीकृति:

इस पुस्तक में उपयोग किए गए सभी आँकड़े और संख्याएँ विभिन्न स्रोतों से एकत्रित की गई हैं। लेखक और प्रकाशक किसी भी प्रकार की त्रुटियों, गलतियों या किसी भी मुद्दे के लिए कोई उत्तरदायित्व स्वीकार नहीं करते हैं। यदि इस पुस्तक की सामग्री से किसी की भावनाओं को ठेस पहुँचती है, तो इसके लिए लेखक खेद प्रकट करता है क्योंकि इसका उद्देश्य किसी की भावनाओं को आहत करना नहीं है।

किसान से जहान

लेखक : गुरविंदर सिंह घुमन

मेरी बात

बाजार की अपूर्णता से किसान हलकान

इसमें दो राय नहीं है कि देश ने सदियों तक की गुलामी का दौर देखा है। आक्रांता इस खेती प्रधान देश को लूटने के लिये आये थे। रियासतों के वजीर से लेकर जमींदार तक किसानों का शोषण करते थे। उन्हें किसान के लगान से मतलब था। उनके करिंदे किसानों के हित नहीं देखते थे। देश में बाढ़, सूखे और अकाल की मार का सबसे ज्यादा शिकार किसान को ही होना पड़ा। आजादी के बाद देश में कई किसान सुधार योजनायें/कानून लागू हुईं लेकिन उनमें कई तरह की खामियां थीं। खेतों की जोत को चकबंदी के द्वारा नियंत्रित किया गया। परिवारों में बंटवारे की वजह से लगातार जमीन छोटी होती जा रही हैं। किसान का परिवार खेती से जीवनयापन न कर सका, तो उसके बच्चे शहरों में काम-धंधे की तलाश में जाने लगे, लेकिन देश में छोटी जोतों की समस्या बनी रही। बड़े जमींदारों को ये भय सदैव रहा कि कब सरकार जमीन का आकार सीमित कर दे, कब उसकी जमीन ले ली जाये। इस बारे में बड़े जमींदारों को आश्वस्त किया जाना जरूरी है कि अब उसकी जमीन के दायरे में कोई छेड़छाड़ नहीं होगी।

दरअसल, इस किताब को लिखने का मेरा मकसद यही था कि किसान को परफेक्ट बाजार मिले। किसान को उसकी मेहनत का सही दाम मिले। उसे कई तरह के टैक्स न देना पड़े। बिचौलिये उसके मुनाफे का हिस्सा नहीं ले जाएं। दरअसल, किसान को जहाँ मौसम की मार से नुकसान उठाना पड़ता है, वहीं अक्सर अतिवृष्टि व बाढ़ जैसी समस्याओं से जूझना पड़ता है। कभी टिड्डियों के हमलों से फसल बर्बाद होती है, कभी फसल बंपर हो जाये तो बाजार में फसलों के दामों में गिरावट आ जाती है। जैसा कि हम कई सालों से देख रहे हैं कि किसानों को अपने आलू व प्याज की फसल को सड़कों पर फेंकना पड़ा या फिर भरी फसल में ट्रैक्टर चलाना पड़ा। दरअसल, फसल को मंडी ले जाने का खर्च भी किसान नहीं उठा पाता, उसपर उसे अपना कर्ज भी चुकाना होता है और परिवार भी पालना होता है। इसलिए, जब लागत भी नहीं आ पाती, तो वह आत्महत्या तक करने को मजबूर होता है। जितनी नकदी फसलें होती हैं, उनका खर्च भी ज्यादा होता है। खाद, बीज और डीजल के दाम बढ़ने से उसकी लागत बढ़ जाती है।

मेरा विश्वास है कि यदि सरकार, बाजार को परफेक्ट बना दे तो किसान को उसकी मेहनत का पूरा पैसा मिल जायेगा, साथ ही किसानों की खेती के खर्चे भी कम होंगे। देश के ग्रामीण इलाकों की सड़के अच्छी हों। अनाज ढोने के साधन सस्ते मिल जायें। किसान को पसीना सूखने से पहले फसल का दाम मिल जाये, तो उसकी कई समस्याओं का समाधान निकल जायेगा। हमारे देश में खेती, व्यापार नहीं है। किसान, बाजार के खेल को नहीं जानता। फसल पूरी होती है, तो किसान को फायदा नहीं मिलता और उपभोक्ता को भी सस्ता अनाज नहीं मिलता। तो कौन इस बंपर फसल का फायदा उठा रहा है? इस सवाल पर सरकार को गंभीरता से विचार करना चाहिए।

मेरा मानना है कि बाजार को पूरी तरह सक्षम बनाया जाए। बिचौलियों से किसान को बचाया जाये, तो उसकी तमाम समस्याएं खत्म हो जाएंगी।

आज देश में अनाज-भंडारण की व्यवस्था बड़े पैमाने पर करने की जरूरत है, ताकि किसान खेत से तुरंत फसल उठाकर औने-पौने दाम में बाजार में न जाये और उसे फसल कम दाम में बेचनी न पड़े। ऐसे ही तमाम सवालों के जवाब तलाशने की कोशिश मैंने इस किताब के जरिये की है। आशा है कि इन सवालों पर देश में मंथन होगा, तो किसान की समस्याओं का समाधान हो सकेगा। किसान आंदोलन की वजह से जिन तीन सुधार कानूनों को वापस लेना पड़ा, उस दिशा में फिर आगे बढ़ने की जरूरत है। किसान संगठनों, बुद्धिजीवियों, तथा कृषि विशेषज्ञों की राय लेकर आगे बढ़ा जाये। 21वीं सदी में हमारी जनसंख्या डेढ़ अरब पार कर जायेगी। इतनी बड़ी आबादी का पेट भरने के लिये कृषि में सुधारों की जरूरत है। साथ ही, किसान की आय बढ़ाने के लिये भी यह जरूरी है।

विषय: भारत के बाजार को पूर्ण प्रभावी बाजार बनाना!

क्या भारत में आदर्शपूर्ण बाजार बन पायेगा?

केन्द्र सरकार ने कृषि-क्षेत्र के उन्नयन के लिए तीन कृषि सुधार कानून लागू किये हैं। प्रधानमंत्री नरेन्द्र मोदी और कृषि मंत्री नरेन्द्र सिंह तोमर लगातार कह रहे हैं कि ये कानून, किसानों के जीवन में बदलावकारी भूमिका निभाएंगे। वहीं, दूसरे कुछ किसान संगठन और किसान इसे कृषि के लिये हानिकारक बता रहे हैं। वे इन कानूनों को वापस लेने की मांग कर रहे हैं। इस लेख को लिखने का मकसद यह नहीं कि इन तीन कृषि सुधारों को वापस लिया जाये या इसको लेकर किसी तरह का दबाव बनाया जाये, बल्कि इस बात की पड़ताल करना है कि केन्द्र सरकार किन उद्देश्यों की पूर्ति के लिए इन कानूनों को लेकर आई है और किसान किन कारणों से इनका विरोध कर रहे हैं।

वर्तमान भारतीय बाजार अनुशासनहीन, अपरिपक्व और अनैतिक, अस्वस्थ प्रतियोगिता से जूझ रहा है। व्यवस्था में पारदर्शिता और ईमानदारी के आभाव में खरीददार और विक्रेता एक-दूसरे के प्रति जवाबदेह नहीं हैं। खरीददार, सिस्टम की इन खामियों का लाभ उठाते हुए किसान की आय, अर्थात् फसलों की लागत से खिलवाड़ कर रहे हैं। कमोबेश यही स्थिति विक्रेता के लाभ, श्रमिक की मजदूरी, पेशेवर और कुशल लोगों की फीस के साथ होने वाले अन्याय की भी है। यही वजह है कि अधिकांश इन वर्गों के लोगों की खून-पसीने की कमाई अनियंत्रित व अपूर्ण बाजार की भेंट चढ़ जाती है, जिससे देश का अच्छा और फायदा दे सकने वाला ढांचा औसत लाभ और कालांतर में नाममात्र के लाभ में तब्दील हो जाता है। फलतः, जहाँ लागत ऊंची है, आय कम हो जाती है। ऐसी स्थिति में सभी वर्गों के लिए इस बाजार में अपना अस्तित्व बचाना मुश्किल हो गया है। उसकी जीविका पर संकट है और इस प्रक्रिया में उनके परिवारों व समुदाय का जीवन तबाह हो रहा है। अतः, इस बाजार का स्वरूप इस अराजक ढांचे की वजह से रोगग्रस्त हो गया है और एक नासूर बन गया है।

इसमें कोई संदेह नहीं है कि ये सुधार कानून, सरकार और नीति-नियंताओं ने नेक-नियति से तैयार किये गये, जो किसानों के उत्थान की मंशा से लाये गये हैं, लेकिन दिशाहीन बाजार के प्रभावों की आशंका के कारण लोगों, खासकर किसानों ने इन सुधारों को नकारना शुरु कर दिया। दरअसल, केन्द्र सरकार द्वारा लाये गये सुधारों का प्रभाव अगर देखा जाये, तो इनके लाभ किसानों तक पहुंचने से पहले अपरिपक्व बाजार के जरिये उन्मुख होंगे। यही वजह है कि इन सुधारों के लाभ का आकलन और प्रभाव अभी नजर नहीं आयेगा। मेरा मानना है कि सरकार को मौजूदा सिस्टम को अगले चार सालों तक यथावत बनाये रखना चाहिए, जिसमें गेहूं, धान और अन्य फसलों के न्यूनतम समर्थन मूल्य के तहत खरीद जारी रहे। इस समय के दौरान

किसान सुरक्षित रहेगा, वहीं सरकार/नीति-नियंता, किसान और किसान संगठन इस समय का उपयोग सुधारों का पूर्णतः विश्लेषण करने में कर सकते हैं।

दरअसल, बाजार में जारी अस्वस्थ प्रतियोगिता के कारण खरीददार व विक्रेता समेत हमने ऐसी स्थितियां बना दी हैं कि सेवाएं, पारिश्रमिक, लाभ, आय आदि विभिन्न वर्गों को न्यायसंगत ढंग से नहीं मिल पा रही हैं। इस कारण, सभी वर्गों की आय में होने वाले नुकसान की पूर्ति के लिए राज्य और केन्द्र सरकार 'छूट, सब्सिडी, आर्थिक प्रोत्साहन, ऋण और ऋण माफी तथा न्यूनतम समर्थन मूल्य' इत्यादि जैसे कदमों को उठाने को बाध्य है। वहीं, सरकार की मंशा है कि लोगों को आत्मनिर्भर बनाया जाये और वह किसानों के उत्थान के मकसद से कृषि सुधारों को लागू करना चाहती है। हालांकि, किसानों से विमर्श के बाद इस अपूर्ण बाजार के प्रभाव और इससे होने वाले कष्ट के कारण सामने आ जाते हैं। सही मायनों में, अपना अस्तित्व बचाने के लिए संघर्ष के तहत आंदोलन करते हुए किसान इन कानूनों को रद्द करने की मांग कर रहे हैं।

दरअसल, यह दोषपूर्ण बाजार देश की तमाम समस्याओं की जड़ में है, जिसके चलते केन्द्र सरकार और किसानों के बीच टकराव की स्थितियाँ पैदा हो रही हैं। सही मायनों में, समस्या किसानों के साथ नहीं है, हकीकत में खरीददार किसी भी वर्ग को लाभ नहीं लेने देते। फिर भी, सारा दोष खरीददारों को ही नहीं दिया जा सकता, वे भी उसी अपरिपक्व बाजार की परिस्थितियों की देन हैं। आज भारतीय ग्राहक की जेब में पैसा है लेकिन हमारे देश की व्यापार-प्रणाली ने उस पैसे को कमाने की क्षमता खो दी है। हकीकत यह है कि आज किसान, व्यापारी, श्रमिक, पेशवर दक्ष लोग, व्यवसायिक संस्थान और अन्य वर्ग, जो इस सिस्टम से प्रभावित हैं, वे इससे मुक्ति चाहते हैं।

ऐसे में सवाल उठता है कि एक आदर्शपूर्ण बाजार और दोषपूर्ण बाजार की परिभाषा क्या है? यह भी, कि इस दोषपूर्ण बाजार का देश, देशवासियों, राजनीतिक, सामाजिक और आर्थिक क्षेत्र पर क्या नकारात्मक प्रभाव पड़ रहा है। यदि पूर्ण बाजार होता तो क्या सकारत्मक प्रभाव पड़ता? यदि सरकारी, राजनीतिक क्षेत्रों, कृषि विशेषज्ञों, विश्वविद्यालयों तथा सेमिनार आदि के जरिये इन दोनों विषयों पर देशव्यापी व गंभीर विमर्श हो, तो देश इन सवालों के जवाब हासिल कर सकता है। निस्संदेह इस जटिल प्रश्न का उत्तर तलाशना इतना आसान नहीं है, पर मैं देशवासियों से पूछना चाहता हूँ कि क्यों सारा देश एक संपूर्ण बाजार स्थापित करने की दिशा में सामूहिक प्रयास नहीं कर सकता? ऐसा बाजार स्थापित करने के लिए बेहतर तालमेल और बाजार के अनुशासन की जरूरत होगी। लगातार मिलकर काम करने से हम बाजार को पूर्णता प्रदान कर सकते हैं, जो हम सबके लिए लाभकारी होगा।

किसान आंदोलन और समाधान

केंद्र सरकार द्वारा व्यापक सुधार के उद्देश्य से हालिया तीन कानूनों के जरिए कृषि-क्षेत्र में बड़े बदलाव की कोशिश की गई है। इसमें दो राय नहीं कि ढर्रे पर चल रही खेती की उत्पादकता बढ़ाने तथा किसान को उसकी मेहनत की सम्मानजनक कीमत देना वक्त की जरूरत है। लेकिन इससे पहले काश्तकार के जमीनी हालात जानने और उसकी असुरक्षा की चिंता को भी समझना जरूरी है। यदि कुछ बिंदुओं पर ध्यान दिया जाए, तो देश में जारी किसान नाराजगी को खत्म किया जा सकता है। बदलाव और प्रतिस्पर्धात्मक दौर में कृषि सुधार जरूरी हैं। मैं कुछ महत्त्वपूर्ण बातों की ओर आपका ध्यान दिलाना चाहता हूँ, जो कि इस प्रकार हैं:

1. पूरे देश में अनाज, फल, तिलहन, दलहन और सब्जियों की पैदावार का कोई एक जैसा पैमाना नहीं है तथा भौगोलिक क्षेत्र, वातावरण व

मौसम के अनुसार भी उत्पादकता पर असर पड़ता है। उत्पादकता के अलावा फसलों के भाव भी स्थिर नहीं हैं। अगर दो साल किसान को फायदा होता है, तो अन्य कुछ साल में कभी वो अपनी लागत ही पूरी करता है या घाटा उठाता है। सुधारों को लागू करने से पहले किसानों की इस चिंता की ओर ध्यान देना जरूरी है।

2. एक महत्त्वपूर्ण पहलू यह है कि देश में अस्वस्थ कॉम्पिटिशन है, अनियंत्रित व अपूर्ण बाजार में उत्पादों की बिक्री के लिए सुनियोजित और पारदर्शी बाजार नहीं हैं, जिसकी वजह से किसान को उसकी उपज का वाजिब दाम नहीं मिल पाता। ऐसे में किसानों का मूल विरोध कृषि सुधार कानूनों का नहीं है, बल्कि बाजार की असुरक्षा का है। इसलिए, वो खेती में प्राइवेट प्लेयर की भागीदारी से भी डरता है। ऐसे में किसी भी सुधार की प्रक्रिया में काश्तकार के दिमाग में ये प्रश्न उसे परेशान करते हैं।

3. पूरे देश में किसान को समर्थन मूल्य का पूरा लाभ नहीं मिल रहा है। केवल पंजाब, हरियाणा और पश्चिमी उत्तर प्रदेश में हरित क्रांति के क्षेत्र में समर्थन मूल्य के साथ-साथ गेहूं व धान की सरकारी खरीद का किसानों को लाभ मिलता है। ऐसे में आमदनी की निश्चिंतता को लेकर इस क्षेत्र का किसान केवल गेहूं और धान की फसल को ही प्राथमिकता देता है। इसका नुकसान यह है कि किसान, फसलों की अदल-बदल पर ध्यान देना ही नहीं चाहता। बाजार की असुरक्षा को देखकर वह नगदी फसलों की बुवाई को प्राथमिकता नहीं देता। इसी वजह से वह काश्तकार सुधारों का विरोध करता है।

4. भारत में उपभोक्ता की जरूरत व पसंद की वजह से फलों व सब्जियों का बाजार स्थापित हो रहा है। बाजार में ये उत्पाद उपलब्ध भी हैं और इसकी मांग भी है, इसके बावजूद यह बाजार सुनियोजित नहीं बन पाया

है। आम सब्जी व फल उत्पादकों को इसके व्यवसायिक उत्पादन का ज्ञान नहीं दिया गया है। किसान को यह जानकारी नहीं है कि जल्दी खराब होने वाली सब्जी व फल का संग्रह-संरक्षण कैसे किया जाए, वेयर हाऊसिंग की पर्याप्त व्यवस्था नहीं है तथा अपने व दूर के राज्यों में उपज भेजने के लिए परिवहन सेवा व कोल्ड स्टोरेज चेन का अभाव है। इसके अभाव में बाजार का फैलाव नहीं हो पाता और किसान को औने-पौने दामों पर अपनी फसल को आसपास के बाजारों में बेचना पड़ता है।

5. हम अब तक कृषि उत्पादक राज्यों में खेती पर आधारित उद्योगों का विकास नहीं कर पाए हैं। कह सकते हैं कि हमारी एग्रो-इंडस्ट्री अभी अधूरी है। यदि हम इसे आज तक विकसित कर पाते, तो किसान को उसकी फसल का वाजिब दाम मिल जाता। किसान समृद्ध होता और देश इन उत्पादों के निर्यात की दिशा में बढ़ सकता था। हमने कम-से-कम तीन दशक पहले इन चुनौतियों से मुकाबले के लिए एक्शन प्लान तैयार कर लिया होता, तो सरकार व किसानों में ये टकराव देखने को नहीं मिलता।

6. ये चिंता की बात है कि दो साल तो किसानों व सरकार के टकराव में निकल गए। हम अनावश्यक विवाद में उलझ गए हैं। यह एक अच्छा कदम था, जिसका सुखद प्रतिसाद मिलना चाहिए था। देश व संसद, काश्तकार व किसान संगठन, सभी हमारे हैं। देशवासी किसी को हारा हुआ नहीं देखना चाहते हैं। विश्वास है कि इनपर सहमति बनेगी। आज के टकराव के माहौल में एक वरिष्ठ नागरिक होने के नाते मैं बड़ी जिम्मेदारी के साथ विवाद टालने के लिये कुछ उपयोगी सुझाव देना चाहता हूँ।

सुझाव:

(ए) तीन सालों के लिए तीनों सुधार कानून न तो लागू किए जाएं और न ही रद्द किए जाएं। फिर प्रायोगिक तौर पर अगले तीन सालों में सुधार

कानूनों को बिंदु-वाइज (जिनपर सरकार, कृषि विशेषज्ञों तथा किसान संगठनों की सहमति हो) विचार-विमर्श के बाद लागू किए जाएं।

(बी) सुधार कानून बनाये गये हैं, लेकिन इनके अच्छे-बुरे नतीजों के बारे में किसान आश्वस्त नहीं हैं। किसानों को ऐसा न लगे कि उन्हें जोखिम में डाला गया है। न्यूनतम समर्थन मूल्य को सरकार जारी रखे व जिस राज्य में गेहूं व धान की फसल न्यूनतम मूल्य पर सरकार खरीद रही है, अगले तीन वर्षों के लिए खरीदती रहेगी।

(सी) किसानों को फसल के दाम अंतर्राष्ट्रीय मूल्यों से कम न मिले।

7. ऐसा नहीं है कि सुधार कानूनों में सबकुछ अच्छा नहीं है, कई जमींदार भी ऐसा सोचते हैं। जो सुधार किसान की भलाई में हैं, उन्हें तुरंत काश्तकार, किसान संगठनों, कृषि विशेषज्ञों की सहमति से जमीनी स्तर पर लागू करने की योजना तैयार करें। आज वैश्विक स्तर पर कृषि से जुड़े जो शोध हुए हैं और आधुनिक तकनीक के जो साधन उपलब्ध हैं, उनका लाभ भारतीय किसानों को देने का प्रयास करें। साथ ही, पूरे देश में अनाज, सब्जी, फल व तिलहन की बिक्री के लिए आदर्श बाजार व नेटवर्क तैयार करें।

8. 21वीं सदी में खेती को लाभकारी बनाने व किसान की आमदानी बढ़ाने हेतु और वैश्विक बाजार में भारतीय उत्पादों की पहुंच बनाने के लिए जरूरी है कि खेती-बाड़ी में सरकार की देखरेख में प्राइवेट प्लेयरों की भूमिका हो। आने वाले समय में सीमित जोत के बावजूद देश की खाद्यान्न जरूरत की पूर्ति भी संभव है। किसानों को आने वाले समय में अंतर्राष्ट्रीय कीमतों से मुकाबला भी करना होगा।

9. देश में सभी राज्यों की ज्यादातर गांवों से लिंक सड़कों की चौड़ाई कम है। इसलिए, न्यूनतम चौड़ाई का मापदंड निर्धारित किया जाए, ताकि गाँवों को संरचनात्मक विकास की तेजी का लाभ मिल सके। आने वाले

समय में सड़कों के किनारे मकान इत्यादि बन गए, तो उन्हें हटाना मुश्किल हो जाएगा। कहीं आने वाले समय में ये एक गंभीर समस्या न बन जाए!

10. आज सरकारें जमींदार को जो सुविधाएं (अर्थिक मदद, सब्सिडी, कर्ज, कर्जमाफी व फसल खरीद आदि) देने में आर्थिक रूप में सक्षम है, कल यदि ये सुविधाएं संभव न हुईं, तो किसानों का क्या होगा? यह चर्चा का विषय होना चाहिए कि आखिर किसान कब अपने पैरों पर खड़ा होगा?

10. हमें जलवायु परिवर्तन से उत्पन्न खतरों के प्रति किसानों को जागरूक करना है। ऐसी फसलों के लिए किसानों को तैयार करना है, जो मौसम के तीखे मिजाज का सामना कर सकें और भूमिगत जल का भी सरंक्षण कर सकें।

11. किसानों के उत्थान को लेकर समाज के सभी वर्ग गंभीर हैं, चाहे सरकार हो, किसान संगठन हों या आम नागरिक हों, सभी टकराव के बजाय एक अच्छा माहौल तैयार कर इसे बेहतर दिशा देने का काम करें।

निष्कर्ष के तौर पर यह कहना चाहता हूँ कि ये दोषपूर्ण बाजार देश की हर समस्या की जड़ है, जिसकी वजह से केंद्र सरकार और किसानों के बीच टकराव की स्थिति पैदा हो रही है। इस दोषपूर्ण बाजार व्यवस्था का फायदा उठाते हुए मौजूदा बाजार तंत्र व खरीददार, किसानों की फसलों की कीमतों से खिलवाड़ कर रहे हैं। वे विक्रेता के लाभ, श्रमिक की मजदूरी, पेशेवर व कुशल लोगों का जायज मेहनताना भी नहीं देना चाहते। आज केवल आंदोलनकारी किसान ही नहीं, पूरे देश के लोग कुछ कहना चाहते हैं। वक्त, देश के बाजार को स्वस्थ प्रतियोगी, अनुशासित, परिपक्व, नैतिक, पूर्ण व आदर्श बनाने की मांग कर रहा है। इससे देश की अधिकांश समस्याओं का स्वत: हल हो जायेगा।

दोषपूर्ण बाजार से जीविका-जीवन के संकट

वैश्वीकरण और उदारीकरण के नाम पर देश में जिस अर्थव्यवस्था का उदय हुआ है, उसने देश के उस आर्थिक ढांचे को ध्वस्त किया है, जो परंपरागत रूप से करोड़ों लोगों को रोजगार व जीवन निर्वाह का अवसर देता था। इस व्यवस्था में अमीर और अमीर हुआ है, गरीब और गरीब हुआ है। श्रम आधारित व्यवस्था में मुनाफे, पारिश्रमिक और लाभ का लगातार संकुचन हुआ है। बाजार में अराजकता का माहौल बना है और इस कारण व्यवसायगत दक्ष श्रमिकों, व्यापारी, रहेड़ी वाले, रिटेल बाजार में जीविक करने वाले दुकानदार से लेकर किसान तक को उसकी मेहनत व उपज का न्यायसंगत मूल्य कठिन परिश्रम के बावजूद नहीं मिल रहा है। उत्पादन की छोटी इकाई से लेकर कृषि-क्षेत्र तक जीविका के लिये प्रत्यत्नशील वर्ग को अपने व्यवसाय को जीवंत बनाने के लिये ईंधन, ब्याज, बिजली, किराये आदि पर धन खर्च करना पड़ता है, लेकिन लागत के अनुपात में मुनाफा नहीं बढ़ा है। फलत:, जीवनयापन के लिये श्रमशील आबादी ग्राहक के तौर पर भी इस संकट का अभिशाप झेलती है।

सही मायने में, वर्तमान भारतीय बाजार अनुशासनहीन, अपरिपक्व, अनैतिक व अस्वस्थ प्रतियोगिता से जूझ रहा है। व्यवस्था में पारदर्शिता के अभाव में खरीददार और विक्रेता एक-दूसरे के जवाबदेह नहीं हैं। इसका परिणाम यह हुआ है कि व्यवस्था में बड़े खरीददार इन विसंगतियों का लाभ उठाते हुए किसान की आय (दूसरे अर्थों में कहें, तो फसलों की लागत) से खिलवाड़ कर रहे हैं। कमोबेश यही स्थिति विक्रेता के लाभ, श्रमिक की मजदूरी, पेशेवर व कुशल लोगों के मेहनताने के साथ होने वाले अन्याय की भी है। यही वजह है कि इन अधिकांश वर्गों के लोगों की खून-पसीने की कमाई अनियंत्रित व अपूर्ण बाजार की भेंट चढ़ जाती है। इससे देश का

न्यायसंगत, अधिक फायदा दे सकने वाला ढांचा इसके अंतर्विरोधों के कारण औसत लाभ और कालांतर में नाममात्र के मुनाफे में तबदील हो जाता है और इस वजह से बाजार में इनकी लागत ऊंची है। ऐसी स्थितियों में सभी वर्गों के लिए इस बाजार में अपना अस्तित्व बचाना मुश्किल हो गया है। इसके चलते उनकी जीविका पर संकट है। इस प्रक्रिया में उनके परिवारों व समुदायों का जीवन संकट के कगार पर जा पहुंचा है। अंततः, बाजार का स्वरूप इस अराजक ढांचे की वजह से रोगग्रस्त हो गया है, जिसकी परिणति कालांतर में एक नासूर जैसी हो गई है।

सही मायनों में, इस अन्यायपूर्ण व्यवस्था का दंश देश का कृषक-वर्ग झेल रहा है। उपज का लगातार घटता मुनाफा इसकी बानगी है। यही वजह है कि लगातार घाटे में बदलती खेती के चलते बड़ी संख्या में किसान आत्महत्या करने को बाध्य हैं। सरकार, समस्या के मूल को समझे बिना किसानों को आर्थिक संबल देने के लिये कृषि में सहायक उत्पादों में सब्सिडी देने, आर्थिक प्रोत्साहन, ऋण व न्यूनतम समर्थन मूल्य का सहारा ले रही है, लेकिन समस्या का कारगर समाधान अनियंत्रित बाजार के कारण नहीं निकल पा रहा है। किसान अपनी कम आमदानी के कारण कृषि-ऋण और सब्सिडी का उपयोग अपने घर के खर्चों को संतुलित करने के लिये कर देता है। आय कम होने के कारण वह अपना कर्ज नहीं उतार पा रहा है। फलतः, वह ऋण के जाल में उलझता जा रहा है। बैंकों द्वारा डिफॉल्टर घोषित किये जाने से उसे खेत-मकान गिरवी रखने पड़ते हैं। सही मायनों में, किसानों के ऋण और गिरवी रखी पूंजी, बैंकों को भी ऑक्सीजन दे रही है।

किसान को सुनें, फिर गुनें

सही बात ये है कि करीब एक साल तक चले किसान आंदोलन से भले ही केंद्र सरकार द्वारा प्रस्तावित तीन कृषि सुधार कानूनों का अस्तित्व

खत्म हो गया हो, लेकिन वास्तव में इससे अगले एक दशक तक किसी सुधारवादी कानूनों के लागू होने की संभावनाएं खत्म भी हो गई है। किसान वोटों की चिंता करने वाले दल भले ही केंद्र सरकार की शिकस्त से खुश हो रहे हों, लेकिन एक हकीकत यह भी है कि देश के किसानों ने सुधारों का एक अवसर भी खोया है। हमें 21वीं सदी की जरूरतों के लिये कृषि सुधारों की जरूरत है। देश की एक अरब, चालीस करोड़ होती जनसंख्या की खाद्यान्न जरूरतों को पूरा करने का भी सवाल है। साथ ही, किसानों की आय बढ़ाने का भी सवाल है।

निस्संदेह, दिल्ली की दहलीज पर पंजाब, हरियाणा व उत्तर प्रदेश के किसानों की बहुलता वाला आंदोलन शायद भारत में चले सबसे लंबे किसान आंदोलनों में एक था। इसमें दो राय नहीं कि किसान आंदोलन को लेकर सरकारों का रवैया रचनात्मक नहीं रहा है। हो सकता है कि सरकार की मंशा सही रही हो, लेकिन वह किसानों को इन सुधारों को लेकर जागरूक नहीं कर पायी। ऐसी स्थिति में, जब देश की अर्थव्यवस्था हिचकोले खा रही हो, क्या न्यूनतम समर्थन मूल्य यानी एमएसपी से छेड़छाड़ करने का कोई औचित्य है? जब किसानों को लगता है कि सुधार उनके हित में नहीं है, तो सुधारों का वास्तविक मतलब भी उन्हें बताना चाहिए था। क्यों किसानों को लगता है कि सरकारें लोकतांत्रिक व्यवस्था में उदार रवैया नहीं अपनातीं? क्यों सरकार एक संवेदनशील व्यवहार और बड़प्पन नहीं दिखाती है? आखिर किसान क्यों पूछ रहे हैं कि कोरोना संकट के बीच चुपके से इन बिलों को लाने की जरूरत पड़ी? वे यह भी सवाल पूछते रहे हैं कि इन बिलों को आनन-फानन में क्यों पास कराया गया? 'आवश्यक वस्तु अधिनियम' में संशोधन की जरूरत क्यों पड़ी?

दरअसल, पूरी दुनिया में खेती के बाजारीकरण ने छोटे किसानों को लील लिया। क्या यह मॉडल भारत जैसी छोटी जोत वाली खेती में कारगर

हो सकता है? दुनिया के आंकड़े बता रहे हैं कि खेती के बाजारीकरण से किसानों ने अपनी जमीन खोयी है। भारत में कृषि एक उद्योग नहीं है, यह किसान की अस्मिता का उपक्रम है। सदियों से पीढ़ी-दर-पीढ़ी किसान की जमीन उसके वंशजों को मिलती रहती है। वह उसकी कीमत का समझौता कैसे कर सकता है? पहले ही खेती-किसानी घाटे का सौदा साबित होती जा रही है, उसपर बड़ी संख्या उन लोगों की है जो जमीन किराये पर लेकर खेती करते हैं। किसानों को आशंका थी कि नई व्यवस्था में वे खेती की व्यवस्था से बाहर हो जायेंगे

दरअसल, सरकार को किसानों की ऐसी तमाम आशंकाओं को दूर करने का प्रयास करना चाहिए। किसान की वास्तविक समस्याओं को सुनना चाहिए। सही बात यह है कि इन सुधारों को लाने से पहले देशव्यापी बहस होनी चाहिए थी, जिन किसानों के लिये सुधार लाये जा रहे थे, उनकी राय ली जानी चाहिए थी। कृषि वैसे भी राज्यों का विषय है, राज्यों से भी व्यापक विचार-विमर्श किया जाना चाहिए था। देश में लोकतंत्र है, कुलीन तंत्र की परंपराएं विकसित नहीं की जा सकती। कुछ किसान संगठनों का मानना रहा है कि सरकार को इन सुधारों को कुछ समय के लिये टालकर व्यापक विचार-विमर्श से सुधार के साथ इसे नये प्रारूप में लाया जाना चाहिए। यह ठीक है कि 21वीं सदी में कृषि 16वीं सदी के ढर्रे पर नहीं चल सकती, लेकिन किसान के विश्वास और उनकी राय को भी तरजीह दी जानी चाहिए। कोई आंदोलन देर तक चलना समाज और देश के हित में नहीं होता।

हरियाणा व पंजाब वह क्षेत्र है, जहाँ कृषि सुधारों को गति मिली। देश की जो बड़ी विकास परियोजनाएं शुरु हुईं, उसका लाभ पंजाब को मिला। आजादी के कुछ समय बाद देश के जो आधुनिक मंदिर, भाखड़ा और नांगल बांध बने, उसका फायदा पंजाब को मिला। पानी की उपलब्धता से जो हरित क्रांति के प्रयोग हुए, उसका पहला लाभ पंजाब, हरियाणा और पश्चिमी उत्तर

प्रदेश को मिला। यहां तक कि न्यूनतम समर्थन मूल्य का लाभ भी इन्हीं राज्यों को मिला। यही वजह है कि इन्हीं इलाकों में आंदोलन का ज्यादा असर है। शेष देश में, जहाँ एमएसपी का लाभ ही नहीं, तो आंदोलन का वैसा रुझान देखने को नहीं मिला। इस आंदोलन के मूल में राजनीतिक कारण भी, जातीय अस्मिता भी जुड़ी है, जो सत्ता के विरुद्ध हमेशा प्रतिक्रियावादी तेवर दिखाती रही हैं। ऐसे में, हरियाणा व पंजाब के कुछ किसानों को लगता रहा है कि मौजूदा सरकार किसानों के वर्चस्व वाली सरकार नहीं है।

दुखों की खेती करता है किसान

हर नेता देश को कृषि-प्रधान बताता है, मगर बजट पेश करने वाला हर वित्त मंत्री बजट में खेती को हाशिये पर व उद्योग को शीर्ष पर रखता है। लोगों को कहता है कि देश कृषि-प्रधान है, पर हम खेती को ऐसा मंच नहीं बना पाये कि खेती देश के लिये लाभकारी साबित हो सके। वास्तव में, कुल 52 फीसदी लोग कृषि पर प्रत्यक्ष व अप्रत्यक्ष तौर पर निर्भर हैं। यानी, कुल 60 करोड़ लोग खेती पर निर्भर हैं। पिछली जनगणना बताती है कि खेती पर निर्भर जनसंख्या कम होती जा रही है। अब भूमिहीन काश्तकार का आंकड़ा बड़ा है। हम मानकर चलें कि करीब 35 करोड़ किसान भूमिहीन हैं और करीब 25 करोड़ किसान खेत वाले हैं।

जहाँ तक जीडीपी का प्रश्न है, तो खेती का यह कुल योगदान का 14 प्रतिशत है। यह बात फैलायी जा रही है कि खेती का सकल घरेलू उत्पाद में योगदान कम हो रहा है। यदि हम किसानों को दाम का हक नहीं देंगे, तो स्वाभाविक रूप खेती का जीडीपी में शेयर कम होगा। सीधी सी बात है कि यदि इनकम कम होगी, तो उसकी हिस्सेदारी भी कम होगी। ये इरादतन कम किया गया है।

दरअसल दुनिया की आर्थिक नीतियों में दखल रखने वाला विश्व बैंक चाहता है कि किसान, खेती से निकलकर उद्योग-धंधों में श्रमिक बन जाये। विश्व बैंक की एक रिपोर्ट में सरकार को उलाहना दिया गया कि अब तक ये किसान कृषि से निकाले क्यों नहीं जा रहे हैं। उसकी डेवलेपमेंट रिपोर्ट में कहा गया कि जमीन अयोग्य लोगों के हाथों में है, जमीनों का अधिग्रहण तेज किया जाये। जो लोग खेती के अलावा कुछ नहीं जानते, उन्हें कृषि से हटाया जाये। जो युवा लोग खेती से जुड़े हैं, उन्हें ट्रेनिंग इंस्टीट्यूट्स में, उद्योगों में काम करने का प्रशिक्षण दिलाया जाये। यह सब सोची-समझी रणनीति के तरत लोगों को खेती से हटाने का उपक्रम है।

दरअसल, किसान की लागत और मुनाफे की तो बात ही नहीं होती। जब हमारी व्यवस्था का मकसद ही खेतिहर लोगों को खदेड़ना है, तो फिर क्या कहा जाये! दरअसल, हमने आधा-अधूरा अमेरिकी मॉडल अपनाया है। पब्लिक सेक्टर में निवेश किया ही नहीं। कोशिश की कि कृषि-उत्पादों की कीमत कम रखें, जिससे मजबूर होकर किसान खेती छोड़कर मजदूर बन जाएं। सही मायनों में, हमने वाजिब दाम दिये ही नहीं। हमने कभी किसान की लागत को कम करने का प्रयास नहीं किया। आंकड़ों पर नजर डालें, तो, जो गेहूं 1970 में 76 रुपये क्विंटल था, वह 2015 में 1450 रुपये क्विंटल था। यानी, 45 साल में उसमें सिर्फ 19 गुना ही वृद्धि हुई। इस अवधि में यदि हम सरकारी कर्मचारियों के वेतन में वृद्धि देखें, तो 'बेसिक पे' व 'डीए' में करीब 120 से 150 गुना, कॉलेज-टीचर के वेतन में 120 से 150 गुना और प्राइमरी टीचर के वेतन में 280 से 300 गुना तक वृद्धि हुई है। कर्मचारियों के कुल 108 तरह के भत्ते शामिल हैं, जबकि किसान को एक भी भत्ता नहीं मिलता। वह खाद्यान्न की नहीं, बल्कि दुखों की खेती करता है।

आज किसान के मन में भारी गुस्सा है, जो समय-समय पर आंदोलनों के रूप में बाहर आता है। राजनीति व शासन किसी तरह के वादे करके

किसान आंदोलन को समाप्त कर देता है। यदि हालात इसी तरह चलते रहे, तो यह गुस्सा बड़े आंदोलन के रूप में सामने आयेगा। सही बात तो ये है कि हमारे देश में खेती की अनदेखी की जा रही है, जानबूझकर किसान को खेती से बेदखल किया जा रहा है।

सही बात तो ये है कि भारत में कृषि-समस्या आर्थिक-कुप्रबंधन की समस्या है। इसके मूल में आर्थिक असुरक्षा है। न्यायसंगत भाव न मिलने से साल-दर-साल किसान पिस रहा है। सरकार की कोशिश होती है कि किसी तरह से बाजार में अनाज के दामों को नियंत्रण में किया जाये। वोट की राजनीति के कारण लोगों को सस्ता अनाज मिल रहा है, इससे देश का मध्यम-वर्ग खुश हो जाता है। मगर असली सवाल यह है कि जो अन्नदाता उपज पैदा कर रहे हैं, उसे आप क्या दे रहे हैं? उसे खेती से बेदखल किया जा रहा है! उससे हम पैसा ले तो रहे हैं, मगर लाभदायक दाम दे नहीं रहे हैं।

किसान के आत्मघाती कदम उठाने, यानी आत्महत्या के मामलों की समस्या के दो पहलू हैं - एक तो यह कि जो आत्महत्याएं हो रही हैं, उसकी सही तस्वीर सामने नहीं आ रही है। इस समस्या का सबसे महत्त्वपूर्ण कारण यह है कि जहाँ किसान का फसल के साथ अनिश्चितता जुड़ी है, वहां से आत्महत्या की खबरें आ रही हैं। जहाँ 'कैश क्रॉप' के रूप में अंगूर, कपास आदि हैं, वहां से ज्यादा आत्महत्या की खबरें हैं। कुल सत्तर फीसदी कपास का क्षेत्र संवदेनशील है। दूसरी हकीकत यह है कि आत्महत्या के आंकड़ों की हकीकत सामने नहीं आ रही है। एक प्रतिबद्ध, स्वयंसेवी संगठन के शोध और अध्ययन से विदर्भ में आत्महत्या का आंकडा सामने आया। यदि ऐसा सारे देश में हो, तो सही तस्वीर उभरकर सामने आती। बुंदेलखंड से भी आत्महत्याओं की खबरें आ रही हैं। जागरुकता से ही पंजाब की आत्महत्याओं के बारे में लोगों को पता चला। सूचना का हस्तांतरण होगा,

तो ही पता चलेगा। उड़ीसा समेत कई राज्यों में भयंकर आत्महत्या के मामले सामने आ रहे हैं।

दरअसल, देश में नकदी फसलों की लागत बढ़ रही है। देश के नीति-नियंता यह समझने की कोशिश नहीं कर रहे हैं कि आने वाले दशकों में डेढ़ अरब के नजदीक पहुंचती आबादी को खाना देना मुश्किल होगा। सत्तर के दशक से अनाज का आयात शुरु किया गया। तब इसे हम 'शिप टू माउथ' कहते थे। यानी, जहाजों से उतरा और सीधे खाद्यान्न के रूप में इस्तेमाल हुआ। देश में हरित क्रांति आई, तो आयात बंद हुआ। मगर आज फिर हम उन्हीं नीतियों पर जा रहे हैं। इतने बड़े देश को खाने के लिये अनाज देना आसान नहीं होगा। इतने बड़े देश को आयात करके खिलाना संभव नहीं है। हमें यह नहीं भूलना चाहिए कि हमारी राष्ट्रीय सुरक्षा भी खाद्य सुरक्षा से जुड़ी है। वर्ष 2007-08 में जब वैश्विक खाद्यान्न संकट हुआ, तो 37 देशों में खाद्यान्न को लेकर दंगे हुए। मगर भारत की मजबूत व्यवस्था के चलते हम इससे प्रभावित नहीं हुए।

कहा जा रहा है कि हरित क्रांति के बाद परंपरागत खाद्यान्न की अनदेखी और अधिक पानी वाले फसलों से किसान की मुश्किलें बढ़ी हैं। दरअसल, असली समस्या तो लागत की है। हरित क्रांति से पहले परंपरागत भारतीय फसलों के हालात ऐसे नहीं थे कि हम पूरे देश का पेट भर सकें। हरित क्रांति के बाद दो महत्त्वपूर्ण कदम उठाये गये - एक तो यह कि फसलों के न्यूनतम समर्थन मूल्य का निर्धारण किया गया, जिससे किसानों का व्यवस्था पर भरोसा बढ़ा और दूसरा महत्त्वपूर्ण कदम था 'फूड कॉरपोरेशन इंडिया' का गठन करना । इतने बड़े देश में खाद्यान्न को खरीदना, संभालना व वितरण करना आसान नहीं था। माना, कि भ्रष्टाचार बड़ी समस्या है, मगर इस व्यवस्था को खत्म करना भी आत्मघाती कदम होगा। हम फिर 'शिप टू माउथ' की स्थिति में पहुंच जायेंगे। हमें उत्पादन की लागत भी देखनी है।

किसान को न्यायसंगत दाम तो मिलें! यदि किसान को महंगाई के हिसाब से मौजूदा दर पर अनाज की कीमत मिले, तो शहर गये लोग गांव आना शुरु कर देंगे। अनाज का बाजार मूल्य दें और बाकी लागत उसके 'जन धन खाते' में स्थानांतरित कर दें।

वहीं कुछ लोग कहते हैं कि किसान के अनाज के दाम बढ़ाने से महंगाई बढ़ जायेगी। देश में 60 करोड़ लोग खेती से जुड़े हैं। देश के आधे प्रदेशों में किसान की मासिक आय 1700 रुपये प्रतिमाह से भी कम है। इतने में तो हम गाय तक नहीं पाल सकते। आज जब न्यूनतम जीवन निर्वहन पारिश्रमिक की बात होती है, तो किसान को भी तो यह मिलना चाहिए! हमारे देश में किसान, उत्पादक भी है और उपभोक्ता भी है। यदि हम किसान को खर्च के बराबर पैसा देते हैं, तो हमारी जीडीपी भी बढ़ेगी। तभी 'सबका साथ, सबका विकास' का नारा सार्थक होगा। सही मायनों में, न्यूनतम समर्थन मूल्य के जरिये हम किसानों को सुरक्षा दे सकते हैं। शांता कुमार कमेटी की रिपोर्ट बताती है कि देश के कुल 6 प्रतिशत किसानों को इसका लाभ मिलता है। इसका निष्कर्ष यह है कि कुल 94 फीसदी किसान को कोई सुरक्षा कवच नहीं है। यह समझना कठिन नहीं है कि ऐसे में किसान आत्मघाती कदम क्यों उठाता है।

आय में गिरावट से बदहाली

सही मायनों में ग्रामीण-अर्थव्यवस्था में बाजार की अपूर्णता का नतीजा यह है कि कृषि करना घाटे का सौदा बन गया है। ऐसे में कृषि को लाभदायक क्षेत्र में देखना संभव नहीं है। खेती ही नहीं, उससे जुड़े गैर कृषि क्षेत्रों में भी आय के स्तर में गिरावट आई है। कह सकते हैं कि पिछले कोरोना संकट के दौर में यह गिरावट सबसे निचले स्तर पर जा पहुंची है। लाखों रोजगार कम हुए हैं। भारतीय ग्रामीण समाज में संयुक्त परिवारों की परंपरा और संतोष

जीवी होने के संस्कार से असंतोष भड़कता नहीं दिखाई देता। एक अनुमान के अनुसार, पिछले वर्षों में शहरों के मुकाबले ग्रामीण क्षेत्रों में रोजगार के अवसर कम हुए हैं। ग्रामीण भारत यदि इतने बड़े संकट के बावजूद अस्तित्व बनाये हुए है, तो इसे चमत्कारिक घटना माना जाना चाहिए। अन्यथा, इस दौर में इतनी बेरोजगारी के बावजूद सामाजिक शांति पर प्रश्नचिह्न लगते हैं।

पिछले दो दशकों से देश का कृषि-क्षेत्र कई तरह के संकटों से गुजर रहा है। हालांकि, यह नहीं कहा जा सकता है कि इससे पहले बहुत बेहतर स्थिति थी। यह स्थिति उस अध्ययन से स्पष्ट हो जाती है, जिसमें यूनाइटेड नेशन्स कॉन्फ्रेंस ऑन ट्रेड एंड डेवेलपमेंट ने कहा है कि 1985 से 2005 के बीच मुद्रास्फीति को जोड़ने के बाद किसानों को कृषि उत्पाद की मिलने वाली कीमत दुनिया भर में लगभग एक समान स्थिर रही है। हकीकत यह है कि पिछले चार दशकों से कृषि से होने वाली आय स्थिरता की शिकार है। किसान इस स्थिति से हताश है और नई पीढ़ी खेती से पिंड छुड़ाने की जुगत में लगी है। किसानों और उनके वंशजों को अहसास हो गया है कि कृषक का कर्ज में पैदा होना, जिंदगी भर कर्ज में डूबे रहना और फिर कर्ज में मर जाना उसकी नियति बन गई है।

उचित कीमत तय करने की चुनौती

बाजार की अनियंत्रित शक्तियों की वजह से न तो किसान को सही दाम मिल पाते हैं और न ही किसान को उनकी उपज का पूरा मूल्य मिल रहा है। वास्तव में, यह संकट केवल भारत का ही नहीं है, यह वैश्विक-स्तर पर ट्रेंड बना हुआ है। कहते हैं कि अमेरिका में बीसवीं सदी के आठवें दशक में जहाँ किसान के एक डॉलर उत्पाद बेचने पर सैंतीस सेंट का लाभ वापस मिल जाता था, वहीं वर्तमान दौर में उसे सिर्फ 15 सेंट वापस मिल पाते हैं। जाहिर

तौर पर, बड़ी कंपनियों के गठजोड़ आम किसान व दुकानदारों का लाभ छीन रही हैं, जो इस लाभ के कम होने की प्रमुख वजह है।

विभिन्न अध्यनों से यह बात स्पष्ट हुई है कि बाजार की नीतियों को आर्थिक रूप से व्यवहारिक बनाने की जरूरत है। साथ ही उन बातों पर ध्यान देने की जरूरत है, जो बाजार को अराजक बनाते हैं, जो बाजार के नियमों को सख्त आवश्यकता की ओर इशारा करते हैं और जिसकी वजह से तमाम छोटे दुकानदार खत्म होने के कगार पर हैं। सही बात तो यह है कि सारे भारत के बाजार पर नजर डालने से साफ हो जाता है कि खुले बाजार की नीतियों से किसान संकट में हैं, वहीं छोटे दुकानदारों को खत्म करने का प्रयास किया जा रहा है। जब यह कहा जाता है कि किसान कहीं भी खुले बाजार में अपना उत्पाद बेच सकता है, तो इससे उसके आसपास के दुकानदारों का हक मारा जाता है, जिसकी वजह से जहाँ छोटे किसान भूमि विहीन हो रहे हैं, वहीं मुनाफा कम होने से दुकानदार अन्य व्यवसाय की तलाश में हैं।

दरअसल, पिछले कुछ दशकों में केंद्र सरकार के द्वारा वैश्विक उदारीकरण की नीतियों को अपनाये जाने से बड़ी पूंजी वाले व्यापारियों की मनमानी शुरु हो गई है। बड़े रिटेल बाजार के खिलाड़ी इस खेल में खुलकर खेल रहे हैं। वे मनमर्जी से सामान का भंडारण करके बाजार की कीमत को प्रभावित कर सकते हैं, जिससे छोटी पूंजी के व्यापारियों का मुनाफा कम होता चला जाता है। इससे किसान को भी उनकी लागत का लाभ नहीं मिल पाता। हाल के दिनों से खुले बाजार के पक्ष में जो जोर-शोर से प्रचार किया जा रहा है, उसका लाभ मुट्ठीभर बड़े व्यापारियों को ही हो रहा है। दरअसल, अपूर्ण बाजार के कारण ही किसान को उसकी उपज का न्यायसंगत दाम नहीं मिल पाता। यह बाजार हमारी खेती को बढ़ावा देने का काम नहीं करता। सरकार की तमाम नीतियों व सब्सिडी के दावों के बावजूद किसान की आय में गिरावट का दौर जारी है, जिसकी वजह से किसान बार-बार सड़कों पर

उतरता है और असफल होने पर निराशा हो जाता है। कृषि-क्षेत्र में होने वाली आत्महत्याएं इसी हताशा का नतीजा है। यदि बाजार परफेक्ट हो, तो किसान को उसकी फसल का उचित दाम मिल सकता है।

किसानों की चिंता समझिए!

पिछले अप्रैल के पहले हफ्ते में देशभर के किसान, राजधानी दिल्ली में भारी संख्या में एकत्र हुए। शायद दिल्ली की सीमाओं पर 13 महीने चला ऐतिहासिक किसान आंदोलन के बाद हुआ एक बड़ा आंदोलन था, जो बताता है कि किसान तमाम मुश्किलों से जूझ रहे हैं, जो बताता है कि खेती-किसानी के मूल में एक आर्थिक संकट गहराता जा रहा है। इस संकट को सत्ता में बैठे लोगों को संवेदनशील ढंग से महसूस करना चाहिए। उम्मीद है कि दिल्ली के शासकों ने रामलीला मैदान को भरने वाले हुजूम में कश्मीर से कन्याकुमारी तक के लोगों के दर्द को महसूस किया होगा। वैसे यह विचारणीय प्रश्न है कि देश के मुख्य मीडिया ने इस आंदोलन को क्यों खास तवज्जो नहीं दी। यह चिंता की बात भी है कि देश की आर्थिकी में उत्पादन के जरिये योगदान देने वाले लोग आज सूचना के उफान में हाशिये पर क्यों चले गये हैं। देश में चौंकाने वाली वाली आर्थिक विषमता का निरंतर बढना भी इसपर मोहर लगाता है।

देश में खेती से जुड़ी दृश्य व अदृश्य बेरोजगारी और महंगाई जैसी समस्याओं को गंभीरता से संबोधित करने की जरूरत है। केंद्रीय बजट में 'मनरेगा' आदि की बड़ी कटौतीयों को लेकर किसानों के अलावा कई अनेक जाने-माने अर्थशास्त्री और कृषि विशेषज्ञ फिक्र जता रहे हैं। न्यूनतम समर्थन मूल्य की गारंटी के मुद्दे का समाधान न होने से किसान कर्ज के जाल में फंस रहा है। दरअसल, फसलों की लागत मूल्य में लगातार वृद्धि हो रही है, मगर उसी अनुपात में कमाई के न बढ़ने से एग्रीकल्चर व्यवसाय घाटे का

सौदा हो चुका है। पिछले दिनों प्याज, आलू व दूसरे कृषि उत्पादों के दामों में भारी गिरावट के विरुद्ध मार्च महीने में महाराष्ट्र के किसानों व आदिवासियों ने बड़ा विरोध प्रदर्शन किया था।

वैसे तो कुदरत की मार से भी किसान आज ज्यादा परेशान हैं। विश्वव्यापी जलवायु परिवर्तन के कारण होने वाले मौसमी परिवर्तनों से फसलों की खराबी एक स्थायी दिक्कत बन गई है। अप्रैल 23 में कटाई से ठीक पहले तैयार हुई रबी फसलों की तबाही किसानों के लिये घातक साबित हुई। इसकी वजह यह भी है कि किसान पूरी लागत पहले ही लगा चुका था। सबसे बड़ी मार तो उन भूमिहीन और छोटे किसानों पर पड़ी है, जो दूसरे काश्तकारों की जमीन ठेके पर लेकर खेती करते हैं। ये किसान महंगा कर्ज लेकर भूमि के ठेके की रकम का पहले ही भुगतान कर चुके होते हैं। विडंबना यह है कि इन किसानों को तो फसल की बर्बादी की क्षतिपूर्ति भी नहीं मिलती है।

सरकार को अपने लोककल्याणकारी स्वरूप का ईमानदारी से पालन करना होगा। एक तो भूमिहीन किसानों की पहचान करके उनके हितों के लिये नीति बनानी होगी। जलवायु परिवर्तन से होने वाली फसल की बर्बादी में इस वर्ग के नुकसान को संवेदनशील ढंग से देखना होगा। सरकार एक अभिभावक की भूमिका में आए और निर्धन किसानों के कल्याण के लिये अलग से योजना बनाये। आने वाले समय में देश की 140 करोड़ से अधिक आबादी का पेट भरना मुश्किल हो जायेगा, यदि देश के अन्नदाता की समस्या को हमने गंभीरता से नहीं लिया। दरअसल, जलवायु परिवर्तन के संकट के कारण हमारी खाद्यान्न सुरक्षा भी खतरे में पड़ गई है। पूरी दुनिया में रूस-यूक्रेन युद्ध के परिणामस्वरूप खाद्यान्न का संकट पैदा हुआ है, उससे भारत को भी सबक लेने की जरूरत है। साथ ही, देश में अनाज की कालाबाजारी को दूर करने तथा वातानुकूलित भंडारगृहों पर भी ध्यान देना

होगा, तभी किसान फसल कटने पर तुरंत मंडी दौड़ने की मजबूरी से बच सकेगा और तभी उसे उसकी उपज का सही दाम मिल सकेगा। देश में पर्याप्त खाद्यान्न भंडारण का न होना भी किसानों की एक बड़ी समस्या है, जिसका समाधान हमारी प्राथमिकता होनी चाहिए।

घाटे से किसानी से मोह भंग

देश में किसान को जहाँ मौसम की मार और ग्लोबल वार्मिंग जैसे संकट से जूझना पड़ रहा है, वहीं अनपरफेक्ट मार्केट की भी बड़ी कीमत चुकानी पड़ रही है। जब किसान को उसकी मेहनत का सही दाम नहीं मिलता, उसके हक की कीमत नहीं मिलती, तो उसे कई तरह से घाटा उठाना पड़ता है। फिर वह इस घाटे से उबरने के लिये बार-बार कर्ज लेता है। बैंकों से ऋण मिल जाये तो ठीक है, नहीं तो वह साहूकारों व महाजनों की चपेट में आता है। फिर कर्ज नहीं चुका पाने के कारण वो आत्महत्या करने को मजबूर होता है। ऋण देने वाले का कर्ज वापस न लौटा पाने के कारण उसे सामाजिक रूप से जलालत उठानी पड़ती है। ऐसा लागत बढ़ने की वजह से भी होता है। यदि देश में राष्ट्रीय अपराध लेखा-जोखा ब्यूरो की रिपोर्ट को देखें, तो वर्ष 1995 से अगले बीस वर्ष के बीच की अवधि में 3,18,528 किसानों ने आत्महत्या की है। लगातार कर्ज का बढ़ता बोझ मौत का मुख्य कारण बताया जा रहा है। हाल के वर्षों में यह क्रम जारी है। यह संकट अब किसान-संस्कृति को खत्म कर रहा है। नयी पीढ़ी के बच्चे खेती छोड़ रहे हैं। अब लड़किया, किसानों के बेटे से शादी करने को तैयार नहीं होती हैं क्योंकि उन्हें पता है कि खेती अब घाटे का सौदा है। किसान, कर्ज के जाल में डूबा हुआ है। किसानों की संतानें गांव छोड़कर बड़े-बड़े शहरों की ओर पलायन कर रहे हैं, जहाँ वे छोटे-छोटे काम करके जीवनयापन कर रहे हैं।

देश के कई कृषि-प्रधान राज्यों में लड़कों के लिये दुल्हन न मिलने की समस्या में एक अहम कारण कृषि का मुनाफा कम होना ही है। इसका स्पष्ट उदाहरण हरियाणा, पंजाब, उत्तर प्रदेश, समेत कई अन्य कई राज्य हैं। कृषि व बागवानी के क्षेत्र में कम आय के अलावा कठोर परिश्रम से जीवन निर्वाह करना वे मुख्य कारण हैं, जिनकी वजह से लड़कियां ग्रामीण इलाकों में शादी करने को तैयार नहीं हैं। दुर्भाग्यपूर्ण स्थिति यह है कि भारत में कृषि नीति बनाते समय आधिक बल फसलों के उत्पादन को बढ़ाने पर दिया जाता है। सरकारें यह चाहती हैं किं देश में खाद्यान्न का स्टॉक ठीक-ठाक स्तर पर बना रहे, मगर उनका खेती में आय को बढ़ाने पर कभी भी उतना ध्यान नहीं रहता, जिसकी कीमत किसान चुकाते हैं। आर्थिक सुधारों को तर्कसंगत ठहराने के लिये किसान को बाजार के रहमो करम पर छोड़ दिया जाता है।

दरअसल, दुनिया के संपन्न देशों के इशारों पर चलने वाले संगठन, मसलन 'विश्व बैंक' जैसी संस्थाएं भी बाजार के हित वाली नीतियां विकासशील देशों पर थोपती रहती हैं। वर्ष 2015 में विश्व बैंक ने भारत सरकार को परामर्श दिया था कि अगले 20 सालों में वह चालीस करोड़ लोगों को गांवों से निकालकर शहरों में स्थापित करे। दूसरे शब्दों में, इन्हें कृषि-शरणार्थी कहा जा सकता है, जो आज देश के कई बड़े शहरों की झुग्गियों में भरे पड़े हैं। वे जीवनयापन के के लिए हर छोटा-बड़ा काम करने को करने को मजबूर हैं।

जीने लायक तो हो आय!

यह कहने की जरूरत नहीं है कि देश में आम किसान की सालाना आय इतनी कम है कि सरलता से जीवनयापन संभव नहीं हो पाता है। कुछ साल पहले सत्रह राज्यों में हुए एक सर्वेक्षण में कहा गया था कि किसान की औसत आय बीस हजार रुपये से कम है। यह संख्या देश के लगभग आधे

हिस्से का प्रतिनिधित्व करता है। वहीं, चिंता और विसंगति की बात यह है कि किसानों की यह आय सातवें वेतन आयोग के मुताबिक दिये जाने वाले 108 किस्म के भत्तों में एक के बराबर है। दूसरी ओर, वर्ष 2016 में नेशनल सर्वे सैंपल ऑफिस के सर्वे में प्राप्त आंकड़े बताते हैं कि किसानों की आय और शेष वर्गों की आय में बड़ा अंतर पाया गया है। लेकिन इस मुद्दे पर देश में गंभीर चर्चा होती नहीं दिखी। ऐसे में सवाल उठाया जा सकता है कि साल 2022 में किसानों की आय दुगनी करने का जो केंद्र सरकार ने वादा किया था, क्या वह संभव हो पायेगा? मौजूदा यूक्रेन-रूस युद्ध, वैश्विक मंदी और कोरोना संकट की दुबारा आहट के बीच तो यह नजर नहीं आता!

सही मायनो में, विभिन्न वर्गों की आय के बीच भारी अंतर मुख्यतः बाजार-आधारित आर्थिक ढांचे की देन है। इसकी पुष्टि केंद्रीय सांख्यिकी विभाग द्वारा कृषि-संबंधी जारी आंकड़ें करते हैं, जो बताते हैं कि किस तरह वर्ष 2018 के अक्तूबर-दिसंबर अवधि के दौरान सकल मूल्य संवर्धन सूचकांक पिछले 14 सालों के दौरान अपने न्यूनतम स्तर पर था। यह साफ दिखाता है कि कैसे कृषि-आय गिरावट की ओर जा रही है, फिर भी यह हकीकत देश में किसानों की चिंता जगाने में विफल रही है। हालात यह है कि सालों से कृषि-क्षेत्र की दयनीय हालत बनी हुई है। यह सब इसकी गिरावट को रोकने के लिए अपनाए गए तरीकों की विफलता को देखते हुए भी अनदेखा किया जा रहा है। इसे सामान्य घटना की तरह देखा जा रहा है।

बढ़ता घाटा

'आर्गेनाइजेशन फॉर को-ऑपरेशन एंड डेवेलमेंट' द्वारा 'इंडियन कांउसिल फॉर रिसर्च ऑन इंटरनेशनल इकोनॉमिक रिलेशन्स' के साथ मिलकर करवाए गए अध्ययन में 2000-01 से 2016-17 के बीच किसानों को हुए कुल घाटे की गणना की गई है। इसके अनुसार, किसानो को अपने

उत्पाद का उचित मूल्य न मिलने की वजह से कृषि-क्षेत्र को चौंकाने वाले ढंग से 45 लाख करोड़ का घाटा उठाना पड़ा है। वहीं दूसरी ओर, नीति आयोग ने भी अपने अध्ययन में अनुमान लगाया है कि वर्ष 2011-12 से 2015-16 की समयावधि के दौरान कृषक की असल आय में मात्र 0.44 फीसदी की बढ़ोतरी हुई है। आगे यह भी माना है कि 2016 के बाद पिछले दो सालों में किसान की आय में वृद्धि लगभग शून्य है और इसी तथ्य ने सरकार को 'सीधी आय सहायता', यानी 'प्रधानमंत्री किसान योजना' शुरु करने को प्रेरित किया है। प्रधानमंत्री किसान योजना के तहत छोटे किसानों के बैंक खाते में वर्ष भर में 6000 रु रुपये सीधे जमा करवाने की व्यवस्था की गई है।

न्याय की कसौटी पर खरा उतरे मूल्य निर्धारण

यह विडंबना ही है कि देश का अन्नदाता मौसम की मार की कीमत भी चुकाता है। यदि फसल ठीक-ठाक हो जाये, तो भी उसकी फसलों का न्यायसंगत दाम नहीं मिलता। दरअसल, बाजार में अर्थशास्त्र की मांग और पूर्ति के सिद्धांत के असंतुलन से किसानों को नुकसान उठाना पड़ता है। अक्सर देखने में आता है कि सही कीमत न मिलने से किसान अपनी फसलों को खेत में ही नष्ट कर देते हैं। उचित मूल्य न मिलने पर किसानों द्वारा टमाटर, आलू और प्याज इत्यादि सड़कों पर फेंकने की घटनाएं आम हो चली हैं। अक्सर अखबारों में सुर्खियां बनती हैं कि कृषक को मंडी में अपने उत्पाद का उचित मूल्य नहीं मिल रहा है, लिहाजा आगे खुदरा बाजार में उस जिंस की कीमत में गिरावट आ जाती है। किसान की आय को दोगुना करने के लिए उपाय ढूंढ़ने के लिए बनाए गए 'दलवाई आयोग' ने 'कमीशन फॉर एग्रीकल्चर कॉस्ट एंड प्राइसेस' नामक नवीनतम फार्मूला सुझाया है। इसके अनुसार रबी और खरीफ के मौसम में कृषि उत्पाद को पैदा करने में आए

खर्च की गणना करके इसकी तुलना प्रति फसल से होने वाली आय के साथ की जानी है, लेकिन कृषि-विषयक एक पत्रिका ने कुछ बहुत चौंकाने वाले तथ्य पेश किये हैं। इसके अनुसार, गेंहू व धान के उत्पादन के लिए किसान को प्रति हेक्टेयर लागत का आधा दाम भी मंडियों में नहीं मिलता।

यह तथ्य किसी से छिपा नहीं है कि देश के चुनिंदा किसानों को ही कुछ फसलों पर न्यूनतम समर्थन मूल्य, यानी एमएसपी मिल पाता है। उल्लेखनीय है कि शांता कुमार कमेटी की रपट के मुताबिक देश में केवल 6 फीसदी किसान को ही न्यून्तम समर्थन मूल्य मिल पाता है। किसान नेता तो यहां तक दलील देते हैं कि न्यूनतम समर्थन मूल्य की घोषणा करने से न तो यह उपभोक्ता के लिए आटे की कीमत तय करने में मददगार है, न ही कृषकों को घोषित कीमत सुनिश्चित करने की गांरटी देता है। वहीं दूसरी ओर, विभिन्न फसलों के न्यून्तम समर्थन मूल्य को तय करने के लिए जो सीएसीपी फार्मूला तय किया गया है, उसका मुख्य उद्देश्य किसानों को निर्धारित कीमत दिलवाना है और साथ ही यह सुनिश्चित करना भी है कि इससे आगे अर्थव्यवस्था पर महंगाई के कारण अतिरिक्त दबाव न बन पाये। कह सकते हैं कि सरकारों की आर्थिक नीतियां भी मौजूदा कृषि संकट में एक बड़ा कारण है। दरअसल, खाद्यान्न की कीमत कम रखने के चक्कर में अधिकांश मामलों में एमएसपी, उत्पादन की लागत से कहीं कम निर्धारण का कारण बनता है। यही वजह है कि कृषि लाभदायक नहीं रह पाती। महंगाई की तुलना में यदि किसान की आय का मूल्यांकन करें, तो उसमें वृद्धि स्थिर नजर आती है। सरकार को चाहिए कि एमएसपी के निर्धारण को तर्कसंगत बनाने के साथ वह किसान को फसल का न्यायसंगत मूल्य दिलाने वाला भी बने।

न्यूनतम समर्थन मूल्य की हकीकत

भारत में फसलों के न्यूनतम समर्थन मूल्य की वास्तविकता यह है कि इसका फायदा मुख्यत: दो-तीन फसलों व महज 6 फीसदी किसानों तक सीमित है। वास्तव में, वक्त की जरूरत है कि एमएसपी यकीनी बनाया जाये। साथ ही, किसानों की आय दोगुनी करने को जमीनी हकीकत बनाया जाये। यह तभी संभव है, जब देश के नेतृत्व के फैसले में पारदर्शिता हो, साथ ही संवेदनशील दृष्टिकोण की उम्मीद है। गारंटेड एमएसपी देने के वादे पर सरकार जितनी जल्दी फैसला ले, उतना अच्छा रहेगा। कह सकते हैं कि एमएसपी कानून को लेकर सरकार ऊहापोह में फंसी है, जिसकी वजह से किसान फिर से आंदोलन का रास्ता चुनने को तैयार बैठा है।

किसानों ने केंद्र सरकार द्वारा न्यूनतम समर्थन मूल्य की कानूनी गारंटी न दिये जाने के खिलाफ राष्ट्रव्यापी आंदोलन का आह्वान किया है। किसान नेता कह रहे हैं कि सरकार के वादे के बाद ही आंदोलनकारी किसान अट्ठारह महीने के लम्बे आंदोलन को खत्म करने को तैयार हुए थे। उनका कहना है कि केंद्र सरकार ने एमएसपी को कानूनी गारंटी के लिए एक कमेटी बनाने का आश्वासन दिया था।

हालांकि, सरकार प्रतिवर्ष 23 फसलों के लिए न्यूनतम समर्थन मूल्य घोषित करती है, लेकिन एक हकीकत यह भी है कि सरकारी एजेंसियां केवल लगभग 6 प्रतिशत किसानों से ही धान और गेहूं की खरीद करती हैं। दूसरे शब्दों में कह सकते हैं कि देश के करीब 94 फीसदी किसान एमएसपी के लाभ से वंचित हैं। सही मायनों में, अन्नदाता के साथ ये व्यवहार न्यायोचित नहीं कहा जा सकता क्योंकि देश की खाद्य सुरक्षा मिशन की नींव किसान ही हैं। विश्वास किया जाना चाहिए कि केंद्र सरकार, एमएसपी की कानूनी गारंटी के वादे को यथाशीघ्र पूरा करेगी। साथ ही, आगामी संसद सत्र

में वह विधेयक पेश करे। किसानों की इस मांग से सहमत हुआ जा सकता है कि न्यूनतम समर्थन मूल्य से कम दर पर कृषि उपज को खरीदना कानून के तहत दंडनीय होना चाहिए। इसके अलावा किसान यह भी मांग करते रहे हैं कि न्यूनतम् समर्थन मूल्य की गणना 'सी2 फार्मूले' के आधार पर हो। साथ ही, डॉ. एम.एस. स्वामीनाथन की अध्यक्षता वाली समिति की सिफारिशों पर ईमानदारी के साथ पालन किया जाना चाहिए। जरूरत सरकारों को एमएसपी के प्रति जवाबदेही बनाने की है।

वैसे तो, फिलहाल सरकार महंगाई नियंत्रण और छोटे किसानों को राहत देने के लिये एमएसपी को जारी रख रही है। मुख्यत: दो ही फसलों, मसलन - खरीफ व रबी की फसलों पर एमएसपी का निर्धारण किया जाता है। सवाल यह भी है कि गेहूं व चावल के अलावा अन्य फसलों को भी न्यूनतम समर्थन मूल्य के दायरे में लाया जाना चाहिए या नहीं? लेकिन यह भी कटु सत्य है कि लोकतांत्रिक दबाव न हों, तो सरकारें एमएसपी की सुविधा से भी पल्ला झाड़ सकती हैं। पिछले वर्षों में, किसान आंदोलन के दौरान भी ये आशंकाएं बलवती हुई थीं। यही वजह है कि किसान लगातार केंद्र सरकार पर एमएसपी को कानूनी रूप दिये जाने की मांग करते रहे हैं। जाहिर बात है कि छोटी जोत से जीवनयापन करने वाले किसानों को बाजार के भरोसे नहीं छोड़ा जा सकता। आज भले ही छह फीसदी किसानों को न्यूनतम समर्थन मूल्य का लाभ मिल रहा हो, लेकिन यदि यह सुरक्षा कवच न हो तो बाजार की स्थितियां कैसी होंगी? हालांकि, कई सरकारें एमएसपी का विकल्प तलाशती रही हैं, लेकिन सवाल यह है कि एमएसपी खत्म होने पर छोटे किसानों के अस्तित्व को क्या बड़ा खतरा पैदा नहीं होगा?

ऐसे में सवाल यह भी उठता है कि किसान की आय बढ़ाने वाली प्रमुख योजनाएं हकीकत क्यों नहीं बनतीं? मंथन इस बात पर भी हो, कि साल 2022 तक किसानों की आय दोगुनी करने का वादा किस हद तक

हकीकत बना? दरअसल, मुद्रास्फीति को ध्यान में रखते हुए वास्तविक आय का निर्धारण होना चाहिए। देश के राष्ट्रीय नमूना सर्वेक्षण कार्यालय के आंकड़ों के अनुसार 2018-19 में किसान परिवारों की अनुमानित मासिक आय सिर्फ 10,218 रुपये प्रति माह ही थी। वहीं दूसरी ओर, पिछले कुछ वर्षों के दौरान खाद, कीटनाशक व डीजल समेत कृषि में सहायक अवयवों की लागत लगभग दोगुनी हो गई।

वक्त की जरूरत है कि सरकार को वर्तमान एमएसपी योजना को समृद्ध करके और प्रभावी बनाना होगा। साथ ही, उन्हें यह भी सुनिश्चित करना होगा कि एमएसपी-प्रणाली के अंतर्गत सभी तेइस फसलों पर अधिक-से-अधिक किसानों को एमएसपी का लाभ मिले। एमएसपी के प्रति सरकारों में जवाबदेही का अभाव है, इस वजह से किसानों को न्यूनतम समर्थन मूल्य की कानूनी गारंटी की मांग करनी पड़ रही है।

वर्तमान समय में, देश के सामने उपस्थित कृषि से जुड़ी चुनौतियों को हम भलीभांति समझते हैं। सीधी सी बात है कि किसानों की आय बढ़नी चाहिए! यह गरीबी मिटाने में भी सहायक होगी। दरअसल, किसानों-खेतिहर मजदूरों के जीवन की गुणवत्ता में सुधार के लिए मानवीय दृष्टिकोण के साथ कृषि-संकट के दृष्टिकोष से भी देखे जाने की जरूरत है। हमारे नीति-नियंताओं को ध्यान में रखना चाहिए कि भारतीय समाज में खेती महज एक व्यवसाय या आर्थिक कारोबार नहीं है। जब गांधी जी कहा करते थे कि इस देश की आत्मा गांवों में बसती है, तो उसके गहरे निहितार्थ थे। भारत की बड़ी आबादी के लिए खेती, जीवन जीने के लिये सैकड़ों पीढ़ियों से चली आ रही रीत है, जिसका संबंध सिर्फ खेत व उपज-मात्र से नहीं है। यह किसान के पुरुखों की धरोहर भी है और उनके आने वाली पीढ़ियों का कल भी है!

वास्तव में, किसानों के हितों के लिये नीति बनाने वाली कमेटियों व संगठनों में किसानों की नुमाइंदगी होनी चाहिए, ताकि किसान की सहमति से रीति-नीति बने। सभी नीतियों के केंद्र में कृषक ही होना चाहिए। हमें इस दिशा में मंथन करना चाहिए कि जब उपज का न्यायसंगत दाम किसान को भी नहीं मिल रहा है और उपभोक्ता को भी नहीं, तो भला किसका हो रहा है? इस मुद्दे की तह तक जाने के लिए शोध-अनुसंधान की भी जरूरत है। खेती-किसानी के लिये संकट पैदा करने वाले कारकों पर गंभीरता से विचार होना चाहिए। यदि समय रहते हमने इस दिशा में कदम न उठाये, तो हमारी खाद्य-श्रृंखला खतरे में पड़ सकती है।

बाजार अनियंत्रित - फेल सब्सिडी का मंत्र!

किसानों को बाजार के उतार-चढ़ाव के जोखिमों से उबारने के लिये ही सब्सिडी-व्यवस्था को भारतीय कृषि में स्थान दिया गया है, मगर अनियंत्रित बाजार के कारण इसका कितना लाभ किसानों को मिल रहा है यह आज भी एक यक्ष प्रश्न बना हुआ है। यह भी एक हकीकत है कि किसान की कृषि-आय में लगातार आ रही गिरावट को रोकने के लिये सरकारों द्वारा जो भी प्रयास किये जा रहे हैं, वे जमीनी हकीकत में फायदा पहुंचाते नजर नहीं आते। सरकार की ओर से जो सब्सिडी दी भी जाती है, उसका अधिकांश लाभ बड़ी कंपनियों को पहुंच जाता है।

दरअसल, सब्सिडी से किसानों को लाभ पहुंचाने के इस लक्ष्य को पाने के लिये बाजार के पुनर्गठन की जरूरत है। कृषि-बाजार को व्यावहारिक दृष्टि से लाभप्रद बनाने की जरूरत है, इससे बाजार में रौनक लौट सकती है। यदि किसान को खुले बाजार के रहमोकरम पर छोड़ दिया जायेगा, तो भी खेती करने वाले किसानों का असंतोष कम न होगा। किसानों में असुरक्षा का भाव बना रहेगा। जब कृषि को व्यावहारिक रूप से लाभप्रद बनाया जाएगा,

तब खेत-खलियानों में रौनक लौट आएगी। यह शोषण का सिलसिला वैश्विक-स्तर पर है। चॉकलेट में प्रयोग की जाने वाली कोको बीन्स का 75 प्रतिशत उत्पादन करने वाला अफ्रीका आज भी गरीब बना हुआ है, जबकि समृद्धि अमेरिका व यूरोप में नजर आती है। इन किसानों को दो फीसदी राजस्व ही मिल पाता है, इसलिए वे गरीबी में जीवन जीने के लिये अभिशप्त हैं।

भारत में पिछले वर्षों में किसान यदि आंदोलन करने के लिये सड़कों पर उतरा, तो उसकी वजह कृषि-उत्पादों की कीमतों में अस्थिरता रही है। दरअसल, रिटेलर जितना बड़ा होता है, कीमतों के निर्धारण में उसकी भूमिका उतनी ही बड़ी हो जाती है, जिसका असली लाभ कॉम्पिटिशन की वजह से किसानों को नहीं मिल पाता है और बड़े खुदरा बाजार, किसानों का पूरी तरह शोषण करने लगते हैं। सही मायनों में, किसानों को उचित और सुनिश्चित मूल्य प्रदान करना आज सबसे बड़ी चुनौती है। समस्या की चुनौती को देखते हुए इसे दूर करने की जरूरत है।

दरअसल, बाजार की दखल ने किसानों को केवल एक गंभीर संकट की ओर ही धकेला। यह भी हकीकत है कि जब तक किसानों को लाभदायक कीमत देने का भरोसा नहीं दिया जाता, तब तक कहीं भी फसल बेचने की छूट उसका उत्साह नहीं बढ़ा सकती। दरअसल, कृषि उद्योग को व्यापार सुधार के रूप में जो चाहिए, उस ओर आगे बढ़ाने के बजाय हम एक ऐसी पद्धति विकसित करें, जो सही मायनो में किसानों को आर्थिक रूप से आत्मनिर्भर बनने में मदद करे। भारत की जरूरत है कि स्थानीय उत्पादन, स्थानीय खरीद और स्थानीय वितरण के आधार पर एक खाद्य-पद्धति विकसित की जाये। बाजार के सुधारों के रूप में, कृषि-व्यवसाय को उद्योग की जरूरतों की ओर धकेले जाने की बजाय ऐसी प्रणाली विकसित की जानी चाहिए, जो वास्तव में देश के किसानों को आर्थिक तौर पर योग्य,

सक्षम और आत्मनिर्भर बनाने में सहयोग करा। लेकिन यह लक्ष्य तभी संभव है, जब मौजूदा कृषि-उत्पाद मार्केट कमेटी के वर्तमान नेटवर्क को मजबूत किया जाएगा, साथ ही व्यापार की मजबूत प्रणाली बनाई जाएगी, जहाँ अधिकतम बिक्री मूल्य किसानों को आकर्षित कर सके।

बाजार में जार-जार किसान

कई किसान संगठन, भारत तथा दुनिया में भी मानते हैं कि बाजार की नीतियों तथा व्यावहारिक दिक्कतों की वजह खेती के नक्शे से छोटे किसानों को गायब करने की कोशिशें होती नजर आती हैं। लगातार छोटी होती जोत और परिवार के बेटों में जमीन के बंटवारे से ऐसे हालात नहीं हैं कि लाभदायक खेती की जा सके। बाकी कसर बीजों, खाद व पेट्रोलियम पदार्थों के दामों में आई तेजी से खेती की उपज लाभदायक नहीं रह गई है। सच बात तो यह है कि खुले बाजार के अपने खतरे हैं। खुले बाजार में पैदावार कहीं भी और किसी को भी बेचने की स्वतंत्रता के नाम पर छोटे किसानों को भूमिविहीन किया जा रहा है। पिछले दिनों देश में सालभर तक चले किसान आंदोलन के मूल में भी ऐसी ही चिंता थी। खुले बाजार और बडे रिटेलर्स को मनमाने भंडार की छूट आदि की जो चिंता पश्चिमी देशों के किसानों को थी, वही चिंता भारत के किसानों की भी रही है। यही वजह है कि देश में किसानों के बच्चे खेती छोड़कर शहर की ओर पलायन कर रहे हैं, यह जानते हुए कि भारत में खेती कोई व्यापार नहीं, बल्कि जीवन जीने का जरिया है। पचास फीसदी से अधिक की आबादी का खेती पर निर्भर होना इस बात का प्रमाण है! तभी कहा जा रहा है कि सरकार बड़े पूंजीपतियों के दबाव में कृषि बाजार का योजनाबद्ध ढंग से उदारीकरण करने को लेकर जल्दीबाजी कर रही है। वह किसानों की व्यावहारिक दिक्कतों को नहीं समझ रही है। केंद्र सरकार का यह अतिउत्साह किसानों के मन में संशय पैदा कर रहा है।

यदि खेती को बाजार के भरोसे छोड़कर किसान का भला होता, तो यूरोप व अमेरिका के किसान आज संकट में न होते। उनके जीवन में समृद्धि आने के बजाय पूंजीपतियों के घरों में न आती। पश्चिमी देशों में खेती का संकट में आना इस नीति की विफलता को बताता है। ऐसे सवाल उरूग्वे दौर की बातचीत के बाद भी उठे थे। फिर बीसवीं सदी के अंतिम दशक में विश्व व्यापार संगठन की स्थापना के बाद भी सामने आये। पश्चिमी देशों ने अपने यहां किसानों को भारी-भरकम सब्सिडी देकर नये विवाद को जन्म दिया है, फिर ऐसा कैसा संभव था कि अमेरिकी सरकार से मिलने वाली सब्सिडी से बाजार में आई कृषि उपज के दाम का मुकाबला भारतीय किसान कर पाते! भारत और तमाम विकासशील देश हर अंतर्राष्ट्रीय मंच से इस अनुचित सब्सिडी का मुद्दा उठाते रहे हैं। यदि ये कृषि-बाजार की नीतियां इतनी कारगर होतीं, तो अमेरिका व यूरोप में कृषि और किसान संकट में नहीं होते। हकीकत यह है कि किसान की जो लागत है और बाजार में जो महंगाई है, उसके अनुपात में किसानों की आय में गिरावट आई है। दूसरे व्यावसायों के मुकाबले किसानों की आय का मूल्यांकन करने से यह बात स्पष्ट हो जाती है। इसी घाटे को पूरा करने के लिये पश्चिमी देश अपनी सब्सिडी देते हैं, ताकि विश्व बाजार में उनके कृषि-उत्पादों का दबदबा बना रह सके। सबसे बड़ी चिंता की बात यह है कि सरकार द्वारा दी जानी वाली सब्सिडी का अस्सी फीसदी हिस्सा व्यापार करने वाली कंपनियों के पास चला जाता है। यदि उन सरकारों द्वारा सब्सिडी हटा ली जाये, तो उनका निर्यात चालीस फीसदी तक गिर जायेगा।

मौत को गले लगाता अन्नदाता

रिकॉर्ड ऊंचाई हासिल करता शेयर बाजार व दुनिया में सबसे तेज गति से विकसित होती अर्थव्यवस्था से देश की तरक्की की सुनहरी तसवीर उकेरी

जाती है, लेकिन इन दावों के बीच नग्न सच यह भी है कि देश में आत्महत्या करने वालों की संख्या व दर में तेजी आई है। उसमें भी दुर्भाग्यपूर्ण यह है कि आत्महत्या करने वालों में श्रमिकों के साथ अन्नदाता भी शामिल हैं। मौसमी आफत से फसल बर्बाद होना और अधिक उत्पादन के कारण वाजिब दाम न मिलना किसान की मुश्किलों के कुछ कारण हैं, जो किसान-वर्ग की बदहाली-असुरक्षा को ही उजागर करता है। जाहिर बात है कि जहाँ एक ओर देश का तंत्र उदासीन है, वहीं समाज की संवेदनहीनता भी उजागर होती है कि वह अपने श्रमवीरों को सुरक्षा व मदद नहीं दे सकता। नीति आयोग की हालिया रिपोर्ट बताती है कि देश का पच्चासी फीसदी कार्यबल अनौपचारिक क्षेत्र में कार्यरत है, जिसकी खून-पसीने की कमाई से उद्योग-जगत दमकता है, देश की अर्थव्यवस्था चमकती है और शेयर बाजार कुलांचे भरता है। ऊपरी तौर पर तो देश में समृद्धि नजर आती है, मगर इसकी बुनियाद को थामे किसान की कराह किसी को सुनाई नहीं देती। कड़ी मेहनत के बावजूद उन्हें आर्थिक सुरक्षा नहीं मिलती, जो दशकों से देने का वादा किया जाता रहा है। देश में दशकों से आय बढ़ाने के नारों की छांव इन किसानों को नहीं मिली। दरअसल, इन्हें कर्ज के दलदल से बाहर निकालने के ईमानदार प्रयास होते नजर ही नहीं आये। कहने को तो न्यूनतम समर्थन मूल्य तथा अन्य आर्थिक सुरक्षा के दावे किये जाते हैं, लेकिन बिचौलियों, कारोबारियों व ताकतवर बिजनेस लाबी ने यह हक उन तक नहीं पहुंचने दिया। देश में लगातार गहरी होती अमीरी-गरीबी की खाई इस भयावह सच को उजागर करती है।

इसमें कोई दो राय नहीं कि कोई व्यक्ति तभी खुदकुशी की राह चुनता है, जब उसकी उम्मीद के सारे दरवाजे बंद हो जाते हैं, जो अव्यवस्था पर उसके अविश्वास का पर्याय तो है ही, साथ ही समाज की संवेदनहीनता को भी उजागर करता है। जाहिर बात है कि खुदकुशी करने वाले व्यक्ति को

समाज से भी कोई उम्मीद नहीं रहती है। ये हालात किसी लोककल्याणकारी व्यवस्था में सरकारों की उदासीनता पर भी सवाल खड़े करते हैं। जाहिर है कि संकट काल में मदद का तंत्र भी विफल साबित होता है। छोटे किसानों को परिवार के दायित्व पूरे न कर पाने की मजबूरी लज्जित करती होगी, तभी वे आत्मघाती कदम उठाते हैं। लेकिन मौजूदा महंगाई के दौर में भी बेरोजगारी की ऊंची दर, दूसरे व्यवसायों में रोजगार पाने की संभावना खत्म होना भी इनका जीना मुहाल किये हुए हैं। प्रश्न यह भी है कि देश की अस्सी करोड़ आबादी को मुफ्त अनाज देने के दावों के बीच आत्महत्या के ग्राफ में यह तेजी क्यों? एक सवाल यह भी है कि आजादी के अमृतकाल में भी एक तबके के लिये विष पीना मजबूरी क्यों बनी हुई है? वास्तव में, असंगठित क्षेत्रों के कामगारों को सुरक्षा देने के लिये गंभीर प्रयासों की जरूरत है।

किसानों को राहत का स्थायी तंत्र बने

यह अजीब बात है कि आजादी का अमृत महोत्सव मनाते देश में किसानों को मौसमी आपदा से होने वाले नुकसान की भरपाई का कारगर तंत्र नहीं बन सका है, सबकुछ कामचलाऊ ढंग से चल रहा है। आपदा के बाद नेता ऐसी मदद बांटते हैं, जैसे खैरात बंट रही हो। बीमा कंपनियों की ओर से दी जानी वाली राहत को लेकर भी किसानों में रोष रहा है, बल्कि कुछ राज्यों ने तो अपने किसानों को बीमा योजना से अलग ही कर लिया है। दरअसल, इन योजनाओं से सिर्फ बीमा कंपनियां ही मालामाल हुई हैं, किसान तो बस राहत के लिये टुकुर-टुकुर देखता रहा है। बहरहाल, पिछले साल बेमौसमी बारिश से खराब हुई फसलों की वजह से किसानों के माथे पर जो चिंता की लकीरें थीं, वे मोदी सरकार के हाल के फैसले से कुछ कम जरूर हुई हैं। हरियाणा सरकार ने बारिश से फसलों की क्वालिटी में आई गिरावट की जानकारी केंद्र सरकार को दी थी और खरीद के निर्धारित मानकों में छूट देने

का आग्रह किया था। इसके जवाब में केंद्र सरकार ने समस्या की जटिलता को देखते हुए किसानों को तत्काल राहत देने का फैसला किया है। इसके बाद हरियाणा में गेहूं की खरीद की शर्तों में ढील देते हुए घोषणा की गई है कि राज्य में अस्सी फीसदी तक लस्टर लॉस वाली गेहूं की फसल की खरीद सरकारी एजेंसियां कर सकेंगी। इसके अलावा, 18 फीसदी तक सिकुड़े-टूटे गेहूं की भी खरीद की जाएगी। इसके बाद अब गेहूं खरीद में लगे विभागीय अधिकारियों को नये नियमों के अनुसार खरीद के आदेश जारी कर दिये गये हैं। साथ ही, अधिकारियों को निर्देश दिये गये हैं कि हर मंडी में सुचारू खरीद की व्यवस्था सुनिश्चित की जाये।

उल्लेखनीय है कि हरियाणा में इस साल 22.9 लाख हेक्टेयर क्षेत्र में गेहूं की फसल बोई गई थी। राज्य में हर साल प्रति हेक्टेयर औसतन पैंतालीस से पचास क्विंटल गेहूं की पैदावार होती आई है। आशंका जतायी जा रही है कि बेमौसम बारिश से इस बार फसल में पांच से सात क्विंटल प्रति हेक्टेयर पैदावार घट सकती है। ऐसे में किसानों को होने वाले नुकसान को कम करने के मकसद से ही खरीद नियमों में बदलाव करके राहत देने का प्रयास किया गया। यहां बताते चलें कि राज्य सरकार पहले ही विधानसभा-सत्र के दौरान किसानों की फसल को हुए नुकसान का आकलन करने के लिये खास गिरदावरी करवाने का भरोसा दे चुकी है। इसका मकसद यही था कि समय रहते किसानों को हुए नुकसान का आकलन किया जा सके तथा राहत-राशि देकर उनका कष्ट कम किया जा सके।

दरअसल, सरकारी आकलन के जरिये बेमौसमी बारिश व ओलावृष्टि से हुए नुकसान का जो आंकड़ा सामने आया है, उसके अनुसार करीब सोलह लाख एकड़ फसल को नुकसान पहुंचा है। यही वजह है कि एक अप्रैल से गेहूं खरीद की प्रक्रिया शुरु किये जाने के बावजूद ज्यादा अनाज की आवक मंडियों में नहीं हो पायी है। यही वजह है कि खरीद प्रक्रिया में तेजी लाने के

आश्वासन किसानों को दिये गये हैं। किसानों का मनोबल बढ़ाने के लिये राज्य के डिप्टी सीएम ने कहा था कि मंडी पहुंचने वाले एक-एक दाने की खरीद सरकार करेगी। साथ ही किसानों की खराब हुई फसल का मुआवजा भी तय कर दिया गया है। सरकार घोषणा कर चुकी है कि यदि किसान की फसल को 75 फीसदी से अधिक का नुकसान हुआ है, तो प्रति एकड़ मुआवजा राशि पंद्रह हजार प्रदान की जायेगी, वहीं पच्चीस से पचास फीसदी फसल खराब होने पर नौ हजार रुपये तथा 51 से 75 फीसदी फसल खराब होने पर बारह हजार रुपये प्रति एकड़ के हिसाब से मुआवजा किसानों को दिया जायेगा। इतना ही नहीं, सरकार ने किसानों को हुए नुकसान के प्रति संवेदनशीलता दिखाते हुए कहा है फसल की खरीद के 48 से 72 घंटे के बीच भुगतान किसानों के खाते में कर दिया जायेगा। यदि यह राशि समय पर नहीं मिलती है, तो सरकार, किसानों को नौ फीसदी ब्याज देगी।

बहरहाल, प्राकृतिक संकटों के कारण आये दिन किसानों की फसलों को होने वाले नुकसान को देखते हुए राहत समय से मिलने हेतु स्थायी व कारगर तंत्र बनाये जाने की आवश्यकता महसूस की जा रही है। राहत समय से मिले और उसका प्रभावी आधार भी समझ में आना चाहिए। राहत कार्यों में पारदर्शिता की जरूरत होती है और राहत दिखावे की भी नहीं होनी चाहिए। इसके साथ ही जलवायु परिवर्तन के कारण मौसम के तेवरों में आ रहे चौंकाने वाले बदलावों के प्रति किसानों को जागरूक करने की भी जरूरत है। किसानों को फसल-चक्र में बदलाव के लिये भी प्रेरित किया जाना चाहिए। दरअसल, मुआवजा व राहत इस समस्या का स्थायी व कारगर समाधान तो बिल्कुल नहीं है। जरूरत इस बात की है कि इस समस्या के समाधान के लिये स्थायी व्यवस्था बने और इसका तंत्र, जमीनी हकीकत को ध्यान में रखकर न्यायसंगत मुआवजे का निर्धारण करे, अन्यथा भविष्य की आपदाओं को लेकर किसान के साथ कभी नहीं हो पाये।

बदहाली के मारे किसान

वैसे तो तमाम सरकारें किसानों दशा सुधारने के दावे करती हैं, मगर सच्चाई यह है कि कृषि-क्षेत्र की हालत दिन-ब-दिन खराब होती जा रही है है। कुछ वर्षों पहले तक किसानों की आत्महत्या को लेकर सरकारें विपक्ष के निशाने पर हुआ करती थीं। इसको लेकर कई योजनाएं तैयार की गईं, जिनमें फसल बीमा, आसान शर्तों पर कृषि कर्ज आदि मुहैया कराने की व्यवस्था की गई। मगर उन योजनाओं का भी कोई लाभ नजर नहीं आया। हालांकि, कई साल से किसानों की खुदकुशी से जुड़े आंकड़े उजागर नहीं हो रहे थे, इसलिए कई लोगों को भ्रम था कि अब किसानों की आत्महत्या का सिलसिला रुक गया है। मगर हकीकत इसके उलट है।

पिछले साल गृह राज्यमंत्री ने बताया कि पिछले तीन सालों में सत्रह हजार किसानों ने खुदकुशी की। यह आंकड़ा राष्ट्रीय अपराध रिकार्ड ब्यूरो द्वारा दर्ज किया गया है। अपराध रिकार्ड ब्यूरो देश में दुर्घटना में होने वाली मौतों और खुदकुशी के मामलों का ब्योरा दर्ज करता है। यानी, उसने वही ब्योरे दर्ज किए होंगे, जो उसे देश के विभिन्न थानों से प्राप्त हुए होंगे। इसलिए, इस आंकड़े को लेकर कुछ लोगों को संदेह भी हो सकता है। कहा जा रहा है कि वास्तविक आंकड़ा इससे बड़ा हो सकता है।

देश में अपूर्ण बाजार की वजह से किसानों के जो हालात हैं, वे किसी से छिपे नहीं हैं। खेती-किसानी चूंकि घाटे का सौदा होती गई है, इसलिए बहुत सारे किसान अब आजीविका के दूसरे साधनों की तलाश में गांवों से पलायन कर जाते हैं। पूरे देश में खेतिहर मजदूरों की संख्या लगातार चिंताजनक ढंग से कम हो रही है। हालांकि, केंद्र सरकार का दावा है कि वह छोटे और सीमांत किसानों की दशा सुधारने, उनकी आमदनी दोगुनी करने का प्रयास कर रही है, मगर स्थिति यह है कि न तो किसानों को अपनी फसल

की वाजिब कीमत मिल पा रही है और न फसल बीमा जैसी योजनाओं का संतोषजनक लाभ ही मिल पा रहा है। यही वजह है कि किसान लंबे समय से न्यूनतम समर्थन मूल्य को लेकर कानून बनाने की मांग करते रहे हैं।

जब एक साल चले किसान आंदोलन से किसान घर लौटे थे, तो सरकार ने वादा किया था कि वह न्यूनतम समर्थन मूल्य को लेकर जल्दी ही समिति गठित करेगी और कानून लाएगी। मगर उस दिशा में अभी तक कोई कदम नहीं बढ़ाया जा सका है और इस कारण फिर से किसानों में नाराजगी उभरती दिखने लगी है। यह कोई छिपी बात नहीं है कि खाद, बीज, सिंचाई, खेतों की जुताई, फसल कटाई, माल ढुलाई आदि पर खर्च लगातार बढ़ता गया है, मगर उस अनुपात में फसलों की कीमतें तय नहीं हो पातीं। जो कीमतें तय होती भी हैं, उनपर सरकारें पूरी फसल की खरीद सुनिश्चित नहीं कर पातीं। ऐसे में किसान, बिचौलिया व्यापारियों के चंगुल में फंसकर रह जाते हैं।

हकीकत में, अन्यायपूर्ण बाजार से त्रस्त किसान की मुश्किलें उनकी बदहाली से जुड़ी हैं। बहुत सारे किसान, कर्ज लेकर नगदी फसलों की बुआई करते हैं, मगर मौसम की मार की वजह से जब फसल चौपट हो जाती है, तो न तो फसल बीमा योजना से उसकी भरपाई हो पाती है और न उनके पास वह कर्ज उतारने का कोई अन्य साधन होता है। इस तरह, कर्ज का बोझ बढ़ने से वे एक दिन जिंदगी से ही हार बैठते हैं। देश में अगर एक भी किसान को खेती में घाटे की वजह से खुदकुशी का रास्ता अख्तियार करना पड़ता है, तो यह सरकारों के लिए चिंता का विषय होना चाहिए। मगर सरकारों के माथे पर शिकन नजर नहीं आती।

बाजार में सुधार से बढ़ेगी आय

बाजार की अपूर्णता से त्रस्त किसान को राहत देने के लिये केंद्र सरकार ने 2 हेक्टेयर से कम जमीन वाले छोटे किसानों को सालाना छह हजार रुपये

बतौर सीधी आय देने की घोषणा की थी। यद्यपि, यह राशि किसी भी नजरिये से बहुत कम है, तथापि यह कदम देश की आर्थिक प्रगति में कृषि के योगदान को लेकर आज तक रहे नजरिये में किसी बदलावकारी परिवर्तन से कम नहीं है। इस बड़े बदलाव के बाद कृषि से कमाई 'फसल मूल्य आधारित नीति' होने की बजाय 'आय सुनिश्चित बनाने' की ओर हो गई है। निश्चय ही यह कदम कृषि-क्षेत्र में किसान की तरक्की के नए अवसर खोलने में मददगार होगा।

केंद्रीय वित्त मंत्री ने इस योजना के लिए वर्ष 2019 में कुल बीस हजार करोड़ रुपये का प्रावधान किया था, आरंभिक किस्त के रूप में 2,000 रुपये प्रत्येक लाभार्थी किसान के बैंक खाते में पहुंचे थे। हालांकि, मुश्किलों से जूझ रही किसान बिरादरी ने मदद के रूप में पेश की गई इस छोटी-सी रकम को लेकर असंतोष जाहिर किया है।

कहना कठिन है कि 500 रु. प्रति महीने मिलने वाली यह छोटी-सी रकम बड़े कृषि संकट झेल रहे छोटे एवं हाशिए पर आने वाले किसानों के 12 करोड़ परिवारों को किस हद तक राहत पंहुचा पाएगी। यह भी तर्क से परे है कि यह छोटी-सी रकम किस तरह किसानों द्वारा आत्महत्या करने के सिलसिले को थाम पाएगी। कोई दिन ही ऐसा जाता है कि देश के किसी-न-किसी हिस्से से किसान की आत्महत्या की खबर न आती हो। पंजाब की बात करें, तो भारतीय किसान यूनियन द्वारा दिए गए आंकड़ों के अनुसार जनवरी 2018 से 2 लाख किसानों का कर्ज माफ करने की प्रक्रिया शुरु हुई थी, लेकिन पिछले एक वर्ष की अवधि में430 किसानों ने खुदकशी की है। ऐसे में, सवाल उठना स्वाभाविक है कि इस राहत से क्या किसानों की आत्महत्या रुकेगी?

'नाबार्ड' द्वारा करवाए गए अखिल भारतीय ग्रामीण वित्त समावेशी सर्वे (2016-17) के अनुसार देश के किसान की औसत मासिक आय 8,931 रु. है। ऐसे में यह पक्का है कि 500 रु. की यह लघुत्तम सीधी आय कृषक की कमाई को दुगुणा करने का ध्येय पूरा करने के लिए नाकाफी है, न ही यह रकम इतनी है कि इससे किसान ऐसा कुछ ले पाएगा, जो वह अपने खेती के लिए खरीदना चाहता है। वर्ष 2016 का आर्थिक सर्वे बताता है कि देश के सत्रह राज्यों के किसानों की औसत सालाना आय महज बीस हजार रु. है। अन्य शब्दों में कहें, तो लगभग आधे देश के कृषक परिवारों की मासिक आय महज 1700 रु. बनती है। यह सोचकर विचलित होना पड़ता है कि कैसे करोड़ों किसान इस छोटी रकम में अपना गुजारा करते हैं।

कृषक को सीधी आय मुहैय्या करवाने का निर्णय केंद्र सरकार ने तेलंगाना सरकार की तर्ज पर लिया है। प्रधानमंत्री किसान योजना के तहत 75,000 करोड़ रुपये का प्रावधान किया गया है, लेकिन ऐसा कोई संकट पैदा नहीं होता कि बतौर सीधी आय दी जाने वाली इस राशि को दोगुणा क्यों नहीं किया जा सकता। यदि ऐसी कवायद होती भी है, तो प्रति किसान परिवार सालाना मदद की राशि 6,000 रु. से बढ़ाकर 12,000 रु. करने से केंद्रीय बजट पर पड़ने वाला बोझ दोगुणा, यानि डेढ़ लाख करोड़ रुपया हो जाएगा। यह सवाल उठाया जा सकता है कि आखिर यह रकम आएगी कहां से? तो इसके लिए सबसे उत्तम और आसान उपाय यह होता कि उद्योगों को दिए जाने वाले सालाना 1.86 लाख करोड़ रुपये. के अनुदान को तुरंत बंद कर किया जाता, जिसकी शुरुआत 2008-09 में आई वैश्विक मंदी के बाद उनकी मदद के नाम पर हुई थी। हाल-फिलहाल यह पैसा दिए जाने का कोई उचित कारण नहीं है, लेकिन यह बदस्तूर आज भी जारी है और इसके तहत साढ़े अट्ठारह लाख करोड़ रुपये पहले ही माफ किए जा चुके हैं। परंतु, आश्चर्य की बात है कि भारी-भरकम आर्थिक असंतुलन बनाने वाले इस शाही फैसले

पर कोई सवाल नहीं उठते हैं। ऐसे वक्त में, जब देश का किसान बदहाली को मजबूर है, तो इस धन को किसानों की बेहतरी के लिए क्यों नहीं दिया जा सकता?

इस समस्या का एक पहूल यह भी है कि तेलंगाना राज्य द्वारा चलाई गई 'राइतू-बंधु' योजना की तर्ज पर केंद्र सरकार की सीधी आय का लाभ फिलहाल उन कृषकों तक ही सीमित है, जिनके पास अपनी जमीन है। फर्क केवल इतना है कि 'रायतू-बंधु' योजना के नियम स्पष्ट हैं, यानी अगर किसी किसान के पास दस एकड़ भूमि है, तो भी उसे उसी अनुपात में मदद मिलेगी, जबकि केंद्र सरकार की योजना में 2 हेक्टेयर से कम कृषि भूमि वाले किसानों को ही सहायता मिलेगी। विडंबना है कि इस नए कृषि-राहत उपक्रम में किराये पर जमीन लेकर खेती करने वाले किसानों को बाहर रखा गया है। पूरे देश में इस ओर देखा जाये, तो इस वर्ग में आने वालों की संख्या बहुत बड़ी है और एक अनुमान के मुताबिक इनका हिस्सा देशभर के कुल कृषकों का लगभग 40-50 फीसदी है। लेकिन ये लोग भूमि मालिक किसानों को मिलने वाले लाभ से वंचित हैं।

बहरहाल, यह सुखद ही है कि कृषक को सीधी आय देना अब देश के नीति-नियंताओं ने स्वीकार लिया है, लेकिन यह भी सच है कि खेती पहले की तरह आज भी मंडी-व्यवस्था की तानाशाही की दया पर है। खेती से होने वाली कमाई पिछले चार दशकों से कमोबेश एक ही जगह पर स्थिर है। हालांकि, कई सर्वेक्षणों के आंकड़ों से यह सिद्ध होता है कि कृषि से होने वाली आय पहले के मुकाबले कम ही हुई है। खेती को बहुराष्ट्रीय संस्थानों के दबाव में लागू आर्थिक सुधारों के क्रियान्वयन की खातिर जानबूझ कर नजरअंदाज किया गया है। यह विडंबना ही है कि खानपान की वस्तुओं की कीमतें कम रखने और उद्योगों को सस्ता कच्चा माल सुनिश्चित करवाने के लिए पड़े भार को चुपचाप किसानों के सिर पर डाल दिया जाता है।

ऐसा आर्थिक-तंत्र, जिसमें कृषि को गंभीरता से लिया जाता हो, लेकिन बड़ी चतुराई से इसको गैर-आर्थिक गतिविधि की श्रेणी में डाल दिया गया हो, इसे बदलना होगा। एक प्रमाणिक अध्ययन के अनुसार, वर्ष 2000 से 2017 के बीच फसलों के तमचक कृषि मूल्यों की वजह से कृषि-क्षेत्र को कुल मिलाकर 45 लाख करोड़ का घाटा उठाना पड़ा है। यदि किसान को भी इसी अवधि के दौरान उत्पाद की न्यायसंगत कीमत मिली होती, तो आज भारतीय कृषि और समृद्ध होती। सरकार के नीति नियंता यह नहीं सोचते कि कृषि ही अपने बूते पर ही देश की आर्थिकी को फिर से ऊपर उठाने के साथ ही लाखों-करोड़ों परिवारों को जीवनयापन मुहैया कराने में भी सक्षम है। निश्चित रूप से इससे रोजगार-क्षेत्र पर पड़ने वाला दबाव भी कम होगा।

तर्क दिया जा रहा है कि छोटे और हाशिए पर आने वाले किसान को सीधी आय मुहैया कराना खेती से होने वाली कमाई को बढ़ावा देने की ओर पहला कदम है। विश्वास है कि समय के साथ इस राशि में वक्त-वक्त पर बढ़ोतरी की जाएगी। मांग की जाती रही है कि अब 'किसान आय आयोग' बनाया जाए, जिसका प्रमुख उद्देश्य किसान परिवार की आमदनी को मासिक रुप से सम्मानजनक बनाना हो। माना जा रहा है कि इससे कृषि-क्षेत्र के लिए अधिक सार्वजनिक क्षेत्र के निवेश पाने और अधिक सुधार की राह खुलेगी, जिससे किसान के घर समृद्धि आयेगी।

कृषि के छिपे-ढँके बड़े संकट

दरअसल, कृषि की दयनीय स्थिति के कारण इससे जुड़े अन्य क्षेत्रों से अच्छे परिणाम की उम्मीद करना व्यर्थ होगा। नवीनतम अध्ययन बताता है कि गांवों में गैर-कृषि-क्षेत्र में भी आय में बढ़ोत्तरी पिछले पांच सालों के दौरान अपने न्यूनतम स्तर पर रही है। कोरोना संकट के दौरान भी ग्रामीण भारत इस अभूतपूर्व संत्रास वाली स्थिति के बावजूद अगर किसी तरह बचा

रहा है, यह अपने आप में किसी चमत्कार से कम नहीं है। कोई भी अन्य रोजगार इतने बड़े घाटे के बाद अब तक तो डूब चुका होता, यहां तक कि आर्थिक परिदृश्य से गायब ही हो गया होता।

वास्तविकता में, न केवल पिछले दो दशकों से कई तरह की मार कृषि-क्षेत्र को झेलनी पड़ी है, बल्कि उससे पहले भी हाल कमोबेश यही था। संयुक्त राष्ट्र के अध्ययन के मुताबिक 1985 से 2005 के बीच मुद्रास्फीति को जोड़ने के बाद किसान को उत्पाद की मिलने वाली कीमत दुनिया भर में लगभग एक समान स्थिर रही है। चार दशकों से खेती से होने वाली आय, स्थिरता का शिकार है। इस कारण हालात यह है कि किसान, कर्ज में जन्म लेता है और कर्ज में ही मर जाता है। भारतीय कृषि में खेती से होने वाली आय लगभग जस की तस बनी हुई है। 1970 में गेंहू का न्यूनतम समर्थन मूल्य 76 रु. प्रति क्विंटल था, वहीं 2015 में यह 1450 रु. प्रति क्विंटल के साथ भले ही बढ़कर उन्नीस गुणा हो गया है, लेकिन इस अवधि के दौरान सरकारी कर्मचारियों व दूसरे पेशों में कितनी आय बढ़ी, उससे किसान की दयनीय स्थिति का पता चलता है। दूसरे शब्दों में कहें, तो यह किसान ही हैं, जिन्हें उपभोक्ता को दी जाने वाली सब्सिडी का असल खामियाजा भुगतना पड़ता है। खाद्यान्नों की कीमत को कम रखने की वित्तीय जुगत को आसानी से किसानों के खाते में डाल दिया जाता है।

स्तब्ध करने वाली हानि

हमने देखा है कि पिछले कुछ समय से उचित मूल्य न मिलने पर किसानों द्वारा टमाटर, आलू और प्याज इत्यादि सड़कों पर फेंकने की घटनाएं आम हो चली हैं। अखबारों में सुर्खियां बनती हैं कि कृषक को मंडी में अपने उत्पाद का उचित मूल्य नहीं मिल रहा है, लिहाजा आगे खुदरा बाजार में उस जिंस की कीमत में 20 से 40 फीसदी की कमी आ जाती है। हालांकि, शांता

कुमार कमेटी की रपट के मुताबिक देश में केवल 6 फीसदी किसान को ही न्यूनतम समर्थन मूल्य मिल पाता है और तथ्य यह है कि न्यूनतम समर्थन मूल्य की घोषणा करने से न तो यह उपभोक्ता के लिए आटे की कीमत तय करने में मददगार है, न ही किसानों के लिये घोषित की गई कीमत सुनिश्चित करने की गांरटी बनता है, जबकि विभिन्न फसलों के न्यून्तम समर्थन मूल्य को तय करने के लिए जोसीएसीपी फार्मूला बनाया गया है, जिसका मुख्य उद्देश्य न केवल किसानों को तयशुदा कीमत दिलवाना है बल्कि यह सुनिश्चित करना भी है कि इससे आगे आर्थिकी पर मुद्रास्फीति जनित दबाव पैदा न होने पाएं। सूक्ष्म आर्थिक नीति भी मौजूदा कृषि-संकट में एक बड़ा कारक है। खाद्यान्न की कीमत नीची रखने की जुगत में ज्यादातर मामलों में यह उत्पादन की लागत से कहीं कम कीमत निर्धारण का आधार बनता है।

जो न्यूनतम समर्थन मूल्य सरकार घोषित करती है, वह दरअसल इस समीकरण पर आधारित है, जिसमें बुआई करते वक्त किसान द्वारा अपनी जेब से लगाया खर्च (ए-2 कॉस्ट) और इसमें परिवार की मजदूरी के अलावा कृषि मजदूरों को दिए जाने वाले वेतन (एफएल) कहलाता है इस खर्च को ए-2+एफएल कहा जाता है। अब सरकार का दावा है कि पिछले साल खरीफ का मौसम शुरु होने पर आई उपरोक्त लागत में 50 फीसदी का मुनाफा जोड़ने के बाद वह न्यूनतम समर्थन तय करती है। इसके आधार पर सरकार दावा करती है कि ऐसा करके वह स्वामिनाथन आयोग की सिफारशों का सम्मान कर रही है, जिसमें सुझाव दिया गया था कि जिंस की न्यूनतम कीमत उसकी कुल लागत पर 50 फीसदी मुनाफा जोड़कर रखी जाए। परंतु सरकार द्वारा अपनाए गए उक्त नवीनतम फार्मूले से तय होने वाली कीमतें असल लक्ष्य की हकीकत से कोसों दूर हैं, न ही सरकार यह सुनिश्चित कर पाई है कि फसल की खरीद घोषित किए न्यून्तम समर्थन मूल्य से कम पर न होने पाए। अनेक किसान नेताओं ने सरकार के दावों पर सवाल उठाए हैं और व्यापार का

आंकड़ा बताता है कि अनेकानेक मंडियों में आमतौर पर कृषकों को घोषित न्यूनतम समर्थन मूल्य से कम कीमत लगाना आम बात है। इसका सुबूत सोशल मीडिया पर अक्सर देखने को मिलता है।

फसल के उत्पादन पर आई लागत की गणना करने वाला समीकरण जाने क्यों सवाल उठाए बिना किसी तरह बच निकलता है। हालांकि, इस तरह का बृहद तंत्र मौजूद है, जो पूरा लेखा-जोखा रखता है कि फसल की बुआई-कटाई पर कितना खर्च आता और कुल उत्पादन कितना हुआ है। तथापि, लागत का निर्धारण करते वक्त जो समीकरण लागू किया जाता है, वह जिंस से बने व्यापारिक उत्पाद/औद्योगिक वस्तुओं की कीमत तय करते वक्त अपनाए फार्मूले से नितांत अलग है, जिसमें हर छोटे-से-छोटे खर्च को लागत का हिस्सा बनाया जाता है।

जहाँ गैर-कृषि-क्षेत्र कर्मियों को मंहगाई भत्ते के अलावा 108 किस्म के अन्य भत्ते भी मिलते हैं, वहीं क्या कभी किसी ने सुना है कि किसानों के कम-से-कम चार जरूरी भत्तों को तो जिंस का मूल्य तय करते समय जोड़ा जाना चाहिए, जिसमें घर-किराया, आवाजाही, स्वास्थ्य और शिक्षा-भत्ते मुख्य हैं? आखिर ऐसा क्यों नहीं होता? एक कृषक को भी तो अपने परिवार की देखभाल करनी पड़ती है! प्रति हेक्टेयर फसल पर आई कुल लागत के आधार पर इन भत्तों को आसानी से न्यूनतम समर्थन मूल्य का निर्धारण करते वक्त जोड़ा जा सकता है या फिर सीधे किसान के खाते में दिया जा सकता है।

सामाजिक असर

किसान को उसके हक की आय से वंचित रखने से उसे सामाजिक तौर भी घाटा सहना पड़ता है, जिसे अक्सर उसपर लगातार बढ़ते जा रहे कर्ज से जोड़कर देखा जाता है। राष्ट्रीय अपराध लेखाजोखा ब्यूरो की रिपोर्ट के अनुसार, वर्ष 1995 से 2015 के बीच की अवधि में 3,18,528 किसानों ने

आत्महत्या की है। कर्ज का बोझ मौत के इस सिलसिलेवार दुखांत का मुख्य कारण है, जो निरंतर जारी है। यह सब कारक इकट्ठा होकर सामाजिक ताने-बाने को छिन्न-भिन्न करते हुए स्पष्ट दिखाई देते हैं>

विडंबना यह है कि कृषि नीति बनाते समय नीति-नियंताओं द्वारा ज्यादा जोर फसलों के उत्पादन को बढ़ाने पर लगा रहता है, शायद मुख्य तौर पर इसलिए, ताकि खाद्यान्नों की उपलब्धि ठीक-ठाक पर स्तर पर बनी रहे। परंतु, कृषि-आय को बढ़ाने पर कभी भी उतना ध्यान नहीं दिया गया, जिसकी वह वाकई हकदार है। कृषि को जानबूझकर आर्थिक सुधारों को जिंदा रखने की खातिर जुगाड़तंत्र वाले पाले में रहने दिया गया है।

वैश्विक-स्तर पर नीतियां बनायी जा रही हैं कि लोगों को कृषि से निकालकर उद्योगों के लिये सस्ते मजदूर तैयार किये जाएं। इन्हें कृषि-शरणार्थी कहा जा सकता है, जो आज शहरों में पटे पड़े हैं और गुजर-बसर के लिए कुछ भी करने को मजबूर हैं, चाहे वह काम कितना भी छोटे स्तर का क्यों न हो। पिछले दशकों में कृषि-आय में जड़ता वह मुख्य कारण है, जिसकी वजह से कृषि-क्षेत्र में सार्वजनिक-क्षेत्र द्वारा किया जाने वाले निवेश में शोचनीय रूप से कमी आना है। कृषि में सार्वजनिक और निजी क्षेत्रों से कुल मिलाकर किया निवेश भी लगातार घटता जा रहा है, लेकिन दूसरी ओर उद्योग-क्षेत्र को दी जाने वाली कर-राहतों का सिलसिला लगातार बढ़ता जा रहा है।

सरकार के तमाम मुख्य आर्थिक सलाहकार भी उद्योगों में ज्यादा निवेश करने की बात करते हैं ताकि युवाओं को खेती से बाहर निकाला जा सके। यह विडंबना ही है कि सरकारें उस कृषि की अनदेखी कर रही हैं, जिसपर करोड़ों ग्रामीणों की जिंदगी और रोजी-रोटी निर्भर करती है।

मुश्तरका खातों को अकेले मालिक रूप में तबदील तब्दील करें

यह मुद्दा देश के 70 से 80 फीसदी किसान लोगों के साथ प्रत्यक्ष रूप से जुड़ा हुआ है। आज़ादी के बाद राजस्व रिकॉर्ड में इस तरह से भूमि का मालिकाना हक दिया जा रहा है। एक अकेला मालिक व दूसरा मुश्तरका खाता। यद्यपि, काफी सालों पहले कुछ समझदार बुज़ुर्ग भूमि मालिक, जिनको इस बारे में ज्ञान एवं समझदारी थी, उन्होंने अपनी ज़मीन के बंटवारे के साथ रेवेन्यु रिकॉर्ड में अकेले मालिक (वाहिय कामक मालिक) अलग खेवट व किला नंबर बनवाकर ज़मीन को अलग से अपने नाम करवा लिया, जिसका नतीजा यह निकला कि उनके वारिस आज आराम की नींद सोते हैं। मुश्तरका खातों में ज्यों-ज्यों समय बीतता गया, कुनबों का विस्तार होता गया और संयुक्त मालिकों की संख्या बढ़ती गई। उसके बाद इनमें से कुछ मालिकों ने बाहरी अथवा तीसरे पक्ष को अपनी ज़मीन बेच दी जिसके चलते उस खेवट में अज्ञात लोगों की संख्या बढ़ती गई। आगे समस्या ये पैदा हो गई कि अनेक भूमि मालिकों ने मुश्तरका खातों पर बैंक लोन ले लिए। मुकदमेबाज़ी विरासत के अंतकाल दर्ज न किए जाने या अन्य प्रकार की त्रुटियों के कारण अब मुश्तरका के खातों में भारी जटिलता पैदा हो गई है, जिसके कारण चाहते हुए भी ज़मीनों का बंटवारा खेवटों में नहीं हो सकता। विदेशों में बैठे भारतीय, जिनकी भूमि इन मुश्तरका खातों में दर्ज है, वे भी अपने आपको बड़ा बेबस महसूस करते हैं। कुछ खेवटों में सिर्फ एक भूमि मालिक ने बैंक से लोन, मुकदमेबाज़ी, स्टे या विरासत का इंतकाल दर्ज नहीं करवाया, जिसका खामियाज़ा बाकी सभी मालिकों एवं उनके वारिसों को 1947 से झेलना पड़ा रहा है और उम्मीद है कि उनकी आने वाली पीढ़ियां भी अगले 100 बरसों तक इसी जाल में फंसी रहेगी। आज इन मुश्तरका खातों के भूमि मालिक

इसी चिंता में जीते हैं और इसी चिंता, डर व भय के साथ मरते हैं। यद्यपि, खेवटों में सभी संयुक्त मालिकों की सहमति से बंटवारा किया जा सकता है, आज समस्या यह पैदा हो गई है कि कुछ हिस्सेदार असहयोग की भावना से ग्रसित हैं। यह राष्ट्रीय समस्या के रूप में ऐसी उलझी हुई गुत्थी है जिसका हल आज के समय बहुत ही आवश्यक है। मुश्तरका खातों को अकेले मालिक के रूप में तबदील तब्दील किया जाना चाहिए। चाहे सरकार, किसान के हक में हज़ार विकास कार्य कर लें परंतु यह अकेला ऐसा काम है जो वास्तव में इन सब पर भारी पड़ सकता है।

पहले किसान को सुने, फिर समस्या को गुने

यह इस कृषि प्रधान देश की विडंबना है कि वोटों की खातिर किसान को प्रलोभन तो खूब दिये जाते हैं, उसकी समस्या के नाम पर केंद्र व राज्यों की सरकारों को घेरने का काम तो खूब होता है, लेकिन इस मुद्दे पर कभी बात नहीं होती कि किसान की आर्थिक स्थिति कैसे ठीक होगी। सबसे महत्त्वपूर्ण सवाल यह है कि देश 140 करोड़ की आबादी वाला हो रहा है। क्या हमारे पास आने वाले दशकों में जनता की जरूरतों के मुताबिक अनाज उत्पादन करने की क्षमता है? क्या हमने ऐसी दूरगामी नीतियां बनायी हैं कि भविष्य में हमें अनाज के लिये विदेशों पर निर्भर न रहना पड़ेगा? किसान आंदोलन ने देश में कृषि सुधारों की संभावनाओं पर विराम लगा दिया है। हमारे विपक्ष की रणनीति भी ऐसी रही है कि किसान, कृषि व जनता के हितों की बजाय उसके राजनीतिक हित प्रमुख हो जाते हैं। सरकार यदि कोई अच्छा प्रयास करे, तो देशहित में उसे स्वीकार भी किया जाना चाहिए।

सही बात तो यह है कि करीब एक साल तक चले किसान आंदोलन से भले ही केंद्र सरकार द्वारा प्रस्तावित तीन कृषि सुधार कानूनों का अस्तित्व खत्म हो गया हो, लेकिन वास्तव में इससे अगले एक दशक तक किसी

सुधारवादी कानूनों के लागू होने की संभावनाएं खत्म भी हो गई है। किसान वोटों की चिंता करने वाले दल भले ही केंद्र सरकार की शिकस्त से खुश हो रहे हों, लेकिन एक हकीकत यह भी है कि देश के किसानों ने सुधारों का एक अवसर भी खोया है। हमें 21वीं सदी की जरूरतों के लिये कृषि सुधारों की जरूरत है। देश की एक अरब चालीस करोड़ होती जनसंख्या की खाद्यान्न जरूरतों का पूरा करने का भी सवाल है। साथ ही किसानों की आय बढ़ाने का भी सवाल है।

निस्संदेह, दिल्ली की दहलीज पर पंजाब, हरियाणा व उत्तर प्रदेश के किसानों की बहुलता वाला आंदोलन शायद यह भारत में चले सबसे लंबे किसान आंदोलनों में से एक था। इसमें दो राय नहीं कि किसान आंदोलन को लेकर सरकारों का रवैया रचनात्मक नहीं रहा है। हो सकता है कि सरकार की मंशा सही रही हो, लेकिन वह किसानों को इन सुधारों को लेकर जागरूक नहीं कर पायी। ऐसी स्थिति में जब देश की अर्थव्यवस्था हिचकोले खा रही हो, क्या न्यूनतम समर्थन मूल्य यानी एमएसपी से छेड़छाड़ करने का कोई औचित्य है? जब किसानों को लगता है कि सुधार उनके हित में नहीं है तो सुधारों का वास्तविक मतलब भी बताना चाहिए था। क्यों किसानों को लगता है कि सरकारें लोकतांत्रिक व्यवस्था में उदार रवैया नहीं अपनाती? क्यों सरकार संवेदनशील व्यवहार और बड़प्पन नहीं दिखाती है? आखिर विपक्षी नेता कह रहे हैं कि कोरोना संकट के बीच चुपके से इन बिलों को लाने की जरूरत क्यों पड़ी? वे यह भी कहते रहे हैं कि इन बिलों को आनन फानन में क्यों पास कराया गया?

दरअसल, पूरी दुनिया में खेती के बाजारीकरण ने छोटे किसानों को लील लिया। क्या यह मॉडल भारत जैसी छोटी जोत वाली खेती में कारगर हो सकता है? दुनिया के आंकड़े बता रहे हैं कि खेती के बाजारीकरण से किसानों ने अपनी जमीन खोयी है। भारत में कृषि उद्योग नहीं है, यह किसान

की अस्मिता का उपक्रम है। सदियों से पीढ़ी-दर-पीढ़ी किसान की जमीन उसके वंशजों को मिलती रहती है। वह उसकी कीमत का समझौता कैसे कर सकता है। वैसे ही खेती-किसानी घाटे का सौदा साबित होती जा रही है। दूसरे बड़ी संख्या उन लोगों की है जो जमीन किराये पर लेकर खेती करते हैं। किसानों को आशंका थी कि नई व्यवस्था में वे खेती की व्यवस्था से बाहर हो जाते हैं।

दरअसल, सरकार को किसानों की ऐसी तमाम आशंकाओं को दूर करने का प्रयास करना चाहिए। किसान की वास्तविक समस्याओं को सुनना चाहिए। सही बात यह है कि इन सुधारों को लाने से पहले देशव्यापी बहस होनी चाहिए थी। जिन किसानों के लिये सुधार लाये जा रहे थे, उनकी राय ली जानी चाहिए थी। कृषि वैसे भी राज्यों का विषय है। राज्यों से भी व्यापक विचार-विमर्श किया जाना चाहिए था। देश में लोकतंत्र है कुलीनतंत्र की परंपराएं विकसित नहीं की जा सकती। कुछ किसान संगठनों का मानना रहा है कि सरकार को इन सुधारों को कुछ समय के लिये टालकर व्यापक विचार-विमर्श से सुधार के साथ कानूनों के नये प्रारूप लाये जाने चाहिएं। यह ठीक है कि 21वीं सदी में कृषि 16वीं सदी के ढर्रे पर नहीं चल सकती, लेकिन किसान के विश्वास और राय को भी तरजीह दी जानी चाहिए। कोई आंदोलन देर तक चलना समाज और देश के हित में नहीं होता।

हरियाणा व पंजाब वह क्षेत्र जहाँ कृषि सुधारों को गति मिली। देश की जो बड़ी विकास परियोजनाएं शुरु हुई उसका लाभ पंजाब को मिला। आजादी के बाद देश के जो आधुनिक मंदिर भाखड़ा और नागल बांध बने उसका फायदा पंजाब को मिला। पानी की उपलब्धता से जो हरित क्रांति के प्रयोग हुए उसका पहला लाभ पंजाब, हरियाणा और पश्चिमी उत्तर प्रदेश को मिला। यहां तक कि न्यूनतम समर्थन मूल्य का लाभ भी इन्हीं राज्यों को मिला। यही वजह है कि इन ही इलाकों में आंदोलन का ज्यादा असर रहा

है।शेष देश में जहाँ एमएसपी का लाभ ही नहीं तो आंदोलन का वैसा रुझान देखने को नहीं मिला। इस आंदोलन के मूल में राजनीतिक कारण भी, जातीय अस्मिता भी जुड़ी है, जो सत्ता के विरुद्ध हमेशा प्रतिक्रियावादी तेवर दिखाती रही हैं।ऐसे में हरियाणा व पंजाब के कुछ किसानों को लगता रहा है कि सरकारें किसानों के प्रति संवेदनशीलता वाली नहीं हैं।

किसान को सशक्त बनाने पर दिया जाए ध्यान

एक बार फिर पंजाब के किसान न्यूनतम समर्थन मूल्य को कानूनी दर्जा देने के लिये आंदोलनरत हैं। संकट का पहला समाधान यह है कि सरकार, समर्थन मूल्य जारी करे और खुद ही सारी फसलें खरीदे। दूसरा विकल्प है कि सरकार, समर्थन मूल्य निर्धारित करे और खुले बाजार में उस मूल्य पर अनाज की खरीद सुनिश्चित हो। सरकार, 'हरित क्रांति' के बाद कुछ राज्यों में गेंहू, धान व कुछ अन्य फसलें एमएसपी पर आज भी खरीद रही है। कुछ किसान नेता मानते हैं कि सरकारें न्यूनतम समर्थन मूल्य पर फसलें खरीदने से बचना चाहती हैं और किसान को बाजार के हवाले छोड़ना चाहती है। एक तर्क है कि सरकार एमएसपी पर इसलिये खरीद कर रही है कि उसे फसलें बाजार-मूल्य से कम या बाजार मूल्य पर मिल रही हैं, जिसका संकेत यह है कि यदि सारी फसलों को एमएसपी पर खरीदने का फार्मूला आर्थिक रूप से तंत्र के लिये लाभकारी होता, तो सत्तर साल पहले सरकार सभी फसलें न्यूनतम समर्थन मूल्य पर खरीद रही होती। दूसरा विकल्प यह है कि बाजार ही समर्थन मूल्य पर फसलें खरीदे। बाजार भी तब तक ही खरीदेगा, जब तक उसे लाभकारी लगेगा, जिस दिन उसे समर्थन मूल्य ज्यादा लगेगा, वह नहीं खरीदेगा। किसी भी खरीददार को किसी उपज को खरीदने के लिये बाध्य नहीं किया जा सकता। ऐसे में, यदि बाजार फसलें नहीं खरीदेगा, तो पेनल्टी किस पर लगाई जाएगी?

किसान, एमएसपी कानून की लंबे समय से मांग कर रहे हैं, लेकिन सरकार अगर एमएसपी लागू भी कर देती है, तो खुले मार्केट को किसी तय कीमत के दायरे में नहीं बांध सकते। मार्केट ही निर्धारित करेगा कि फसल का मार्केट-रेट क्या होना चाहिए। भारत एक अपूर्ण बाजार है, इसलिए संपूर्ण एमएसपी के बारे में सोचा भी नहीं जा सकता। एमएसपी कानून का दूसरा विकल्प ये है कि सरकार ही एमएसपी भी तय करे और सरकार खुद ही सभी फसलों की खरीद करे। अगर ये फॉर्मूला इतना आसान होता, तो भारत की बात छोड़िए, पूरा विश्व भी इसे लागू कर देता। एमएसपी कानून को लेकर सरकार का असमंजस, इसे लागू न करने से ये समझ में आ रहा है कि ये सरकार के बस की बात नहीं है और ये फार्मूला भी देशहित में नहीं है। एक दशक तो इसी कश्मकश में जा चुका है और आगे भी यह इसी प्रकार जारी रह सकता है। सरकार को भी चाहिए कि वो किसान को इसके बारे में स्पष्ट तौर पर बताए कि इसे लागू नहीं किया जा सकता।

इसके बावजूद भी यदि किसान संगठन समझते हैं कि ये सारी फसलें न्यूनतम मूल्य पर सरकारें खरीदेंगी, तो हमें आगे बढ़ना चाहिए, नहीं तो एमएसपी को दरकिनार करके कृषि-उत्पादों को बाजार के आधार पर बिकने दिया जाए। जरूरत इस बात की भी है कि बाजार को सुधारने की कोशिश प्राथमिकता के आधार पर हो। किसानों को भी समझना होगा कि उनकी मेहनत के बाद जो कुछ भी मिलना है, वह बाजार ही देगा, सरकार से बहुत ज्यादा उम्मीद नहीं करनी चाहिए और सरकार ज्यादा दे भी नहीं सकती। जो भी किसान के साधन व खेती हैं, उसमें जीवनयापन, बाजार के साथ तालमेल बनाकर ही किया जा सकता है। किसान भाइयों और सरकारों को मेरा यह सुझाव है कि आज की परिस्थतियों को देखते हुए दो साल के लिये कुछ कदम उठाये। पहला यह, कि सरकार एमएसपी कानून बनाए और प्रायोगिक तौर पर देखे कि वह बाजार को एमएसपी रेट पर फसलें खरीदने के लिए

बाध्य कर सकती है या नहीं। दूसरी बात यह है कि सरकार अधिकतम फसलें एमएसपी पर खरीदे, यह आकलन करे कि वह सारी फसलें खरीद सकती है या नहीं।

दरअसल, किसान कई संकटों से जूझ रहा है। पीढ़ी-दर-पीढ़ी उसकी जमीन का बंटवारा जारी है। इससे खेतों की जोत छोटी होती जा रही है और लाभकारी खेती करना मुश्किल हो रहा है। यही वजह है कि वह एमएसपी को एक सहारे के रूप में देखता है। उदाहरणस्वरूप, सन् 1980 के करीब में मेरे एक सहपाठी के पिता के दो भाई थे, जिनके पास 30 एकड़ (काफी अच्छी उपजाऊ) जमीन थी। वह एक संपन्न किसान परिवार था। कुछ समय पहले मुझे पता चला कि मेरे सहपाठी के दो भाई और दो बहनें और थीं। उसके पिता ने घर के खर्च पूरे न होने व खेती का बंटवारा होने के कारण अपनी सारी जमीनें बेच दीं। अगर मेरा सहपाठी एक वारिस होता था, तो आज सारी जमीन बिकने से बच जाती। मेरा सुझाव है कि राष्ट्रीय-स्तर पर एक अभियान चले – 'एक किसान, एक वारिस'।

किसानों की मुश्किल की एक वजह यह भी है कि उनपर भी नई उपभोक्तावादी-संस्कृति का असर पड़ा है। 'ऋण लो और घी पियो', फिर चाहे जमीन दांव पर लग जाए। हम देखें, तो सन् 2000 तक सरकारी बैंकों से किसानों को छोटी रकम (लगभग 60 हजार) उपलब्ध होती थी। किसानों को अपने घर की जरूरतों को पूरा करने के लिए ऋण (खेती की जरूरतें, मकान, बच्चों की शादी, बीमारी इत्यादि) के लिए ही बड़ी रकम की आवश्यकता होती थी। अपनी जरूरतों को पूरा करने के लिए ज्यादातर किसान महाजनों/आढ़ती से कर्जा लेते थे। जिन किसानों की आमदनी खेती से या दूसरे विकल्प से कर्ज उतारने में पर्याप्त थी, उन्होंने अपने कर्ज उतार लिए। ज्यादातर किसान कर्ज के तौर पर बड़ी राशि लेते थे और खेती और दूसरे साधनों से आमद कम थी। उनकी जमीनें बिकती भी देखी गईं। वर्ष 2000 के

दौरान देखा गया कि किसान 4-5 लाख रुपये का नया ट्रैक्टर, बैंक से लोन लेकर एक लाख से कम कीमत पर मार्केट में बेच जाते थे और बैंक का कर्ज बाद में उतारते रहते थे।

मेरा उस वक्त किसानों को सुझाव था कि एक से दो लाख का घाटा खाने की बजाय अपनी जमीन से छोटा हिस्सा (एक कनाल से लेकर एक एकड़) बेचकर अपनी जरूरतें पूरी कर लो, जिससे बाकी जमीन सुरक्षित बच जाएगी। अनेक किसानों ने मेरे सुझाव को माना और कुछ ने नहीं माना, उनकी जमीनों का बड़ा हिस्सा बाद में बिकता देखा गया। ऋण के मामले में आज भी किसानों की वही स्थिति व सोच है और वही जरूरतें हैं, यही सोच है कि 'कर्जा ले लो और बाद में उतरता रहेगा'। आज किसान भाई, सरकार से कर्ज-माफी की डिमांड कर रहे हैं। आज भले ही सरकार, किसानों की मांग पर पूरा कर्जा माफ भी कर दे, लेकिनऋण लेने का यह चक्र फिर से उसी पटरी पर चल पड़ेगा। मेरा सुझाव यह है कि राष्ट्रीय-स्तर पर किसानों को जरूरत के मुताबिक ऋण लेने हेतु जागरूक किया जाए। वे उतना ही ऋण लें, जितना आसानी से उतारा जा सके। जरूरत से अधिक ऋण लेने व उतारने के संसाधन न होने से जमीनें ही बिकेंगी, आगे किसान भाइयों की मर्जी है।

फिलहाल सरकार महंगाई-नियंत्रण और छोटे किसानों को राहत देने के लिये एमएसपी को जारी रख रही है। मुख्यत: दो ही फसलों मसलन खरीफ व रबी की फसलों पर एमएसपी का निर्धारण किया जाता रहा है। सवाल यह भी है कि अन्य फसलों को भी न्यूनतम समर्थन मूल्य के दायरे में लाया जाना चाहिए या नहीं। लेकिन यह भी कटु सत्य है कि लोकतांत्रिक दबाव न हों तो सरकारें एमएसपी की सुविधा से भी पल्ला झाड़ सकती हैं। पिछले वर्षों में किसान आंदोलन के दौरान भी ये आशंकाएं बलवती हुई थी। यही वजह है कि किसान लगातार केंद्र सरकार पर एमएसपी को कानूनी रूप दिये जाने की मांग करते रहे हैं। जाहिर बात है कि छोटी जोत से जीवनयापन करने वाले

किसानों को बाजार के भरोसे नहीं छोड़ा जा सकता। आज भले ही छह फीसदी किसानों को न्यूनतम समर्थन मूल्य का लाभ मिल रहा हो, लेकिन यदि यह सुरक्षा कवच न हो तो बाजार की स्थितियां कैसी होंगी? हालांकि, कई सरकारें एमएसपी का विकल्प तलाशती रही हैं। लेकिन सवाल यह है कि एमएसपी खत्म होने पर छोटे किसानों के अस्तित्व को क्या बड़ा खतरा पैदा नहीं होगा?

ऐसे में सवाल यह है कि किसान की आय बढ़ाने वाली प्रमुख योजनाएं हकीकत क्यों नहीं बनती। मंथन इस बात पर भी हो कि साल 2022 तक किसानों की आय दोगुनी करने का वादा किस हद तक हकीकत बना। दरअसल, मुद्रास्फीति को ध्यान में रखते हुए इसे वास्तविक आय का निर्धारण होना चाहिए। देश के राष्ट्रीय नमूना सर्वेक्षण कार्यालय के आंकड़ों के अनुसार 2018-19 में किसान परिवार की अनुमानित मासिक आय सिर्फ 10,218 रुपये प्रति माह ही थी वहीं दूसरी ओर पिछले कुछ वर्षों के दौरान खाद, कीटनाशक व डीजल समेत कृषि में सहायक अवयवों की लागत लगभग दोगुनी हो गई।

वक्त की जरूरत है कि सरकार को वर्तमान एमएसपी योजना को समृद्ध करके और प्रभावी बनाना होगा। साथ ही यह भी सुनिश्चित करना होगा कि एमएसपी प्रणाली के अंतर्गत सभी तेइस फसलों पर अधिक किसानों को एमएसपी का लाभ मिले। दरअसल, किसानों को इस वजह से न्यूनतम समर्थन मूल्य की कानूनी गारंटी की मांग करनी पड़ रही है क्योंकि एमएसपी के प्रति सरकारों में जवाबदेही का अभाव है।

वर्तमान समय मे देश के सामने उपस्थित कृषि से जुड़ी चुनौतियों को हम भली-भांति समझते हैं। सीधी से बात है कि किसानों की आय बढ़नी चाहिए। जो गरीबी मिटाने में भी सहायक होगी। दरअसल, किसानों-खेत

मजदूरों के जीवन की गुणवत्ता में सुधार के लिए मानवीय दृष्टिकोण के साथ कृषि संकट को देखा जाने की जरूरत है। हमारे नीति-नियंताओं को ध्यान में रखना चाहिए कि भारतीय समाज में खेती महज व्यवसाय या आर्थिक कारोबार नहीं है। जब गांधी जी कहा करते थे कि इस देश की आत्मा गांवों में बसती है तो उसके गहरे निहितार्थ थे। दरअसल,भारत की बड़ी आबादी के लिए खेती जीवन जीने की एक सैकड़ों पीढ़ियों से चली आ रही रीत है जिसका संबंध सिर्फ खेत व उपज मात्र से नहीं है। यह किसान के पुरखों की धरोहर भी है और उनके आने वाली पीढ़ियों का कल भी है।

किसानों की खुशहाली-बदहाली के बीज

दरअसल, देश के किसानों की माली हालत को हम मोटे तौर पर दो निम्न वर्गों में विभाजित कर सकते हैं : -

1- पहले वर्ग में वे किसान आते हैं जिनकी जमीन उपजाऊ हैं, सिंचाई के साधन पर्याप्त हैं, फसल की उत्पादकता स्थिर है, उस फसल की मांग भी बाजार में रहती है। फसलों की कीमत में भी स्थिर रहती है। सरकार भी एमएसपी की सुविधा देती है। अब किसान की जमीन की जोत छोटी हो या बड़ी हो, इस वर्ग के किसान की आय में स्थिरता है। इस वर्ग के छोटी जोत वाले किसान मुख्य फसल के साथ-साथ फूल व सब्जियां भी पैदा करते हैं। जिन किसानों ने अपनी खेती के अलावा अतिरिक्त आय के साधना बनाये हुए हैं, वे उनकी आय में सुनिश्चितता रहता है।

2- वहीं दूसरी ओर जिन किसानों के पास उपजाऊ जमीन नहीं है, पानी के पर्याप्त साधन नहीं हैं। फसल की उत्पादकता में उतार-चढ़ाव ज्यादा रहते हैं। कीमतों में भी उतार चढ़ाव रहता है। अब चाहे छोटी जोत का किसान हो या बड़ी जोत का. देशभर में इनकी हालत

खराब ही रहती है। देश को इस वर्ग के किसानों की समस्या व संकट को दूर करने का प्रयास करना चाहिए।

संकट में लोग मद्दगार बनें

-आमतौर पर देखा गया है कि कई बार फल व सब्जियां जमींदार द्वारा उचित दाम व खरीददार न मिलने के कारण सडक़ों पर फेंक दी जाती है। मेरा सुझाव है कि ऐसे वक्त में किसानों की मदद के लिये लोगों को आगे आना चाहिए। केवल जुबानी सहानुभूति के बजाय उनकी सहायता के लिये कदम बढ़ें।

उस समय सभी देशवासी एक-एक, दो-दो किलो सब्जियां व फल खरीदें, ताकि किसान को ये नुकसान न उठाना पड़े।

हकीकत बनें सिफारिशें

-निस्संदेह, भारत रत्न कृषि वैज्ञानिक स्वामीनाथन ने किसानों की फसल के दाम को न्यायसंगत बनाने का अच्छा फार्मूला दिया था, लेकिन जमीनी स्तर पर यह कैसे हकीकत बनेगा, उसका मंत्र वे भी न दे सके। सरकारें भी अपनी तरह तमाम रियायतें दी रही हैं,सब्सिडी दे रही हैं और जितना हो सकता है, कर्जे माफ कर रही हैं। सरकार की कोशिश है कि किसानों को उनकी फसल के न्यायसंगत दाम मिलें। किसान संगठन भी किसानों के हक में मुहिम चलाते रहते हैं। वे नहीं चाहते कि किसान किसी नये सुधारों के जाल में फंसे। जैसे व्यापारी अपना मुनाफा, मजदूर अपनी मजदूरी, पेशेवर लोग अपना मेहनताना इसी बाजार में तलाशते हैं,ठीक उसी तरह किसान को भी अपनी आय, इसी बाजार से हासिल करनी है। उसके पास और कोई दूसरा विकल्प नहीं है। हमें यह समझ लेना चाहिए कि सिर्फ सरकारी खजाने व सरकारी नीतियों से ही किसान निर्भर न हों। निजी क्षेत्र के साथ अन्य

वैकल्पिक उपायों को खोलने की जरूरत है। हालांकि, ये सभी सुधार तीन दशक पहले हो जाने चाहिएं थे, लेकिन नहीं हो पाया तो आज ही शुरूआत होनी चाहिए।

समाधान सरकार के ही पास है

- किसान, एमएसपी को कानूनी दर्जा देने की मांग कर रहे हैं। लेकिन इस अपूर्ण बाजार में हम मार्केट को अपने हिसाब से नहीं चला सकते, जबकि बाजार ही खाद्यान्न के दाम निर्धारित कर सकता है। किसानों के सामने एक ही विकल्प रह जाता है कि सरकार कीमत निर्धारित करके सारी फसलें खरीदे। आखिर में, किसान चाहते हैं कि कर्जे माफ हों, एमएसपी को कानूनी दर्जा मिले, दूसरी तरफ सरकार भी एमएसपी पर सारी फसलें खरीद सकती है या कर्जे माफ कर सकती है। ये आपस में सरकार व किसानों का मसला है।

देश भी उठाये पराली निस्तारण का खर्च

- धान की पराली का मसला कई सालों से सुलग रहा है। सरकार भी चाहती है कि प्रदूषण खत्म हो और जमीन की उर्वरा-शक्ति खत्म न हो। सरकार ने कई बंदिशें लगाईं कि किसान पराली न जलाएं, लेकिन यह टकराव खत्म होता नजर नहीं आ रहा है। सरकार चाहती है कि पराली के निस्तारण की लागत किसान वहन करे, जबकि किसान कहते हैं कि वे इस लागत का बोझ सहने को तैयार नहीं हैं। सरकार भी कई तरह की आर्थिक रियायत पराली के निस्तारण के लिये दे रही है। इस साल किसानों का इस पराली की कटाई पर तीन हजार रुपये का खर्च आया है। इसमें तेईस सौ रुपये मशीन से कटाई का और सात सौ रुपये गांठों की उठाई का खर्च आया है। धान की लगभग औसत पैदावार बाइस क्विंटल प्रति किल्ला होती है। इस

तरह प्रति क्विंटल धान की पराली निस्तारण का यह खर्चा सौ-सवा सौ रुपये आता है। सरकार को चाहिए कि अगली बार से इस खर्च को एमएसपी में जोड़कर किसानों को दे। साथ ही, किसानों को समझाए कि उनको पराली के निस्तारण की लागत दे दी गई है, अत: अब कोई किसान अपने खेत में पराली न जलाए। इस खर्च का बोझ सिर्फ किसानों पर डालने के बजाय सारे देश के उपभोक्ताओं को वहन करना चाहिए।

किसान समय के साथ चला है

- हमें यह नहीं भूलना चाहिए कि किसान ने सीमित संसाधनों, उपलब्ध तकनीक, मौजूदा ज्ञान व आर्थिक स्थिति के बावजूद देश को सर्वोत्तम देने का प्रयास किया है। आज देश का युवा किसान पढ़ा-लिखा है, विश्व की खेती व बाजार की उसे जानकारी भी है और वह नई तकनीक को अपग्रेड करने को तैयार है। अब सरकार व समाज की जिम्मेदारी बनती है कि उसे भी बेहतर सुविधाएं व अवसर उपलब्ध कराए, ताकि वह आने वाले समय के साथ कदमताल कर सके।

छोटी जोत को लाभकारी बनाएं

- समय के साथ देश में बहुसंख्यक किसानों के खेतों की जोत बहुत छोटी रह गई है, जिसमें लागत निकालकर घर का खर्च निकालना मुश्किल हो रहा है, इन हालात में एक छोटा किसान कैसे जीवन जी रहा है, कहना मुश्किल है। इस बात का अध्ययन किया जाना चाहिए कि कहीं छोटी जोत की खेती के अव्यावहारिक होने की वजह से ही किसानों की आत्महत्याएं तो नहीं बढ़ी हैं? अब सरकार को छोटी जोत की खेती को लाभकारी बनाने के लिये बहुत जल्दी काम करने की जरूरत है।

एक मंच पर आएं

- पिछले दिनों सरकार व किसान संगठनों के बीच कृषि-सुधार के मुद्दों पर टकराव देखने को मिला। मेरा सुझाव है कि पुरानी बातें भूलकर और बगैर समय गंवाए, किसानों की भलाई के लिये इनके लिये एक मंच पर आना जरूरी है। अब ज्यादा समय बर्बाद नहीं करना चाहिए।

सुधारों पर श्वेत पत्र लाएं

-आज दुनिया आबादी के संकट से गुजर रही है। खासकर भारत में जिस तेजी से आबादी बढ़ी है, उस हिसाब से खाद्य पदार्थों की डिमांड के बावजूद फसल के न्यायसंगत दाम नहीं मिल रहे हैं। ऐसा क्यों हो रहा है सरकार को गंभीरता से विचार करना चाहिए। देखना जरूरी है कि क्या हमारे सिस्टम में खोट है?

मेरा मानना है जहां सरकार अपनी बात किसानों से साझा करे, वहीं किसान संगठनों व सरकारों को भी चाहिए किसानों की स्थिति बेहतर बनाये जाने के लिये जो भी कदम व नये कानूनों की जरूरत तथा किसानों के हित से जुड़ी जो भी बात है, उससे जुड़ा एक श्वेत पेपर देश के सामने रखें।

www.ingramcontent.com/pod-product-compliance
Lightning Source LLC
LaVergne TN
LVHW041633070526
838199LV00052B/3334
* 9 7 8 9 3 6 2 6 1 7 5 9 0 *